나를 잃지 않는 법
싸게 팔지 마! 힘들어도

최병철 지음

나를 잃지 않는 법

싸게 팔지 마! 힘들어도

시로 읽는 자기경영

최병철 지음

BE ICONIC. LOVE YOURSELF
DATE: THE DAY YOU FELT SMALL
CASHIER: YOU
STORE: LIFE CO.

QTY	ITEM	PRICE	DESCRIPTION
1	Your Time	₩0.00	Never for sale. Never refundable.
1	Your Kindness	₩∞	Measured in heartbeats, not cash.
1	Your Voice	₩N/A	Heard or not, it matters.
1	Your Value	₩UNLISTED	Priceless. Not on any market.
1	Your Effort	₩0.00	You gave it all, every single day.
1	Your Silence	₩0.00	Not empty. Just sacred.
1	Your Dream	₩∞	Don't sell it for comfort, likes, or approval.
1	Your Pain	₩0.00	Quiet, invisible, but worthy of respect.
1	Your Presence	₩∞	The world is different because you're in it.
1	Your Boundaries	₩NO DEAL	Non-negotiable.

TOTAL: UNBUYABLE
SUBTOTAL: STILL STANDING
TAX: PAID WITH COURAGE

You are not for sale. Even on your hardest days. You are not cheap.
You are the most valuable being in this world.
Don't lower your worth just to be chosen. Don't shrink yourself to fit in.
싸게 팔지 마! 힘들어도

나를 잃지 않는 법

나를 잃어버렸다고도 하고
나를 빼앗겼다고도 한다
나는 '빼앗겼다'고 말하라 한다

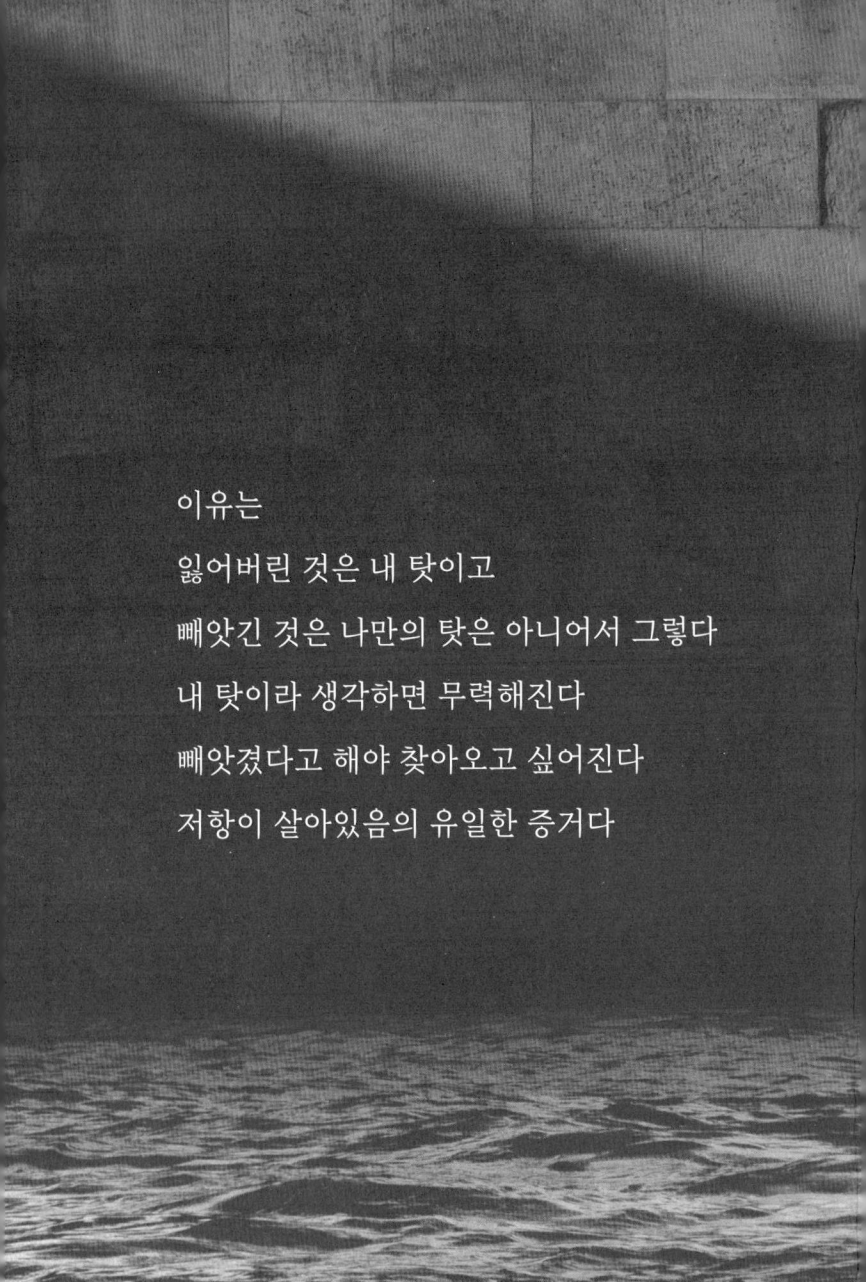

이유는
잃어버린 것은 내 탓이고
빼앗긴 것은 나만의 탓은 아니어서 그렇다
내 탓이라 생각하면 무력해진다
빼앗겼다고 해야 찾아오고 싶어진다
저항이 살아있음의 유일한 증거다

'나를 잃지 않는 법'보다는
'나를 찾는 법'이라 하고 싶었다

잃지 않는 것은 방어이며
빼앗기지 않는 것은 저항이고
찾는 것은 도전이다

방어하면 숨이 차고 저항하면 지친다
도전하기를 바라는 마음으로
나를 찾는 법이라 쓰고 싶었으나
누구라도 이미 빼앗겼음을
인정하고 싶지 않을 듯 했다
그래서 '잃지 않는 법'으로 했다

나를 잃지 않는 것은 도전하는 것이다
도전은 희망의 자식이다
희망을 가질 때의 내가 진짜 나이다
그런 사람은 자신을 헐값에 팔지 않는다
타인의 희망을 위해 살아갈 때
나는 헐값에 팔린다

자기계발의 완성은
자기경영이다.

사람들의 유통기한은
늘어났지만
유효기한은 짧아졌다.

여는 글 - 視

그 간극을 메우려는
발버둥이
자기경영이다.

그러나 승자만
존재하는 세상에서
다수가 승자가 되는
방식은 그리
호락호락하지 않다.

여는 글 視

자기경영을 시로 쓰는 것 어떨까?
아들이 매치리스인데요 한다.
그럼 됐다.
그래서 써보기 시작했다.

익숙함은 기억이고
기억은 과거이고
과거는 낯설지 않고
낯설지 않으면 재미없고
재미없으면 설레지 않고
설레지 않으면 죽은 것이다.

머리에서 마음까지의 거리가
가장 먼 거리가 된 사연에는
시인의 책임도 있다.
시라면
머리든 가슴이든

적어도 하나는 채워줘야 한다.
그런데 그사이에 공백이 생기게 했으니
그건 시의 책임이다.

알아듣지 못할 말을 나열하고
끼리끼리 의미를 부여해
공감의 폭을 줄여야 수준 있는 것처럼 한 것은
대중으로부터 외면당한 영역들의 공통점이다.

멋있게 보이려 하다 보니
수식어가 늘어나고
완벽해지려 하니 이것저것 끌어다 붙이고
이해시키려다 보니 문장이 길어진다.

경영이 심리와 느낌의 몫이 된 지는 오래되었다.
특히 자기경영이 그렇다.
그래서 시라는 형식에 옮겨 타는 외도를 시도했다.

읽을 것이 적어야 생각이 많아진다는
그럴싸한 이유로 나는 詩라 않고 視라 했다.
視해야 見하고 見해야
詩할텐데 그저 보이는 것을 視한 것이다.

자기계발의 완성은 자기경영이다.
사람들의 유통기한은 늘어났지만

유효기한은 짧아졌다.
그 간극을 메우려는 발버둥이 자기경영이다.
그러나 승자만 존재하는 세상에서
다수가 승자가 되는 방식은 그리 호락호락하지 않다.

자기계발서를 몇십 권씩 쌓아놓는다.
실천해야 할 목록 수십 가지를 제시받는다.
결국 패배자가 되어간다.
상당수의 책들은 자그마한 성공 사례를 들며 윽박지른다.
자기 분노로 자책하고 상실감과 열등감은 더 커진다.
그러고 나면 그다음 순서는 아무것도 필요 없다는
위로 일색의 책들이 쏟아진다.

이런 반복 속에
피로도와 무감각은 늘어난다.
숙제 목록은 늘어가는데 실행은 엄두도 못 낸다.
안타깝고 미안한 일이다.
스스로에게 힘이 되는 글
때로는 솔직한 글을 모아 보려 했다.

어차피 삶이 결과가 아니라 과정이라면
힘들고 지칠 때 먹을 영양제도 있어야 하고
슬프고 외로울 때 부를 노래 한 곡은 있어야 한다.

무엇을 해야 한다는 이야기 말고

이러면 되겠네, 이럴 수도 있겠네,
해보자, 하는 내용으로 마음에, 생각에,
휴식을 주면 좋겠다고 시작한 일인데
필력의 한계를 확인하는 과정이어서 부끄럽다.

무엇인가에 저항한 피의 냄새가
처절한 땀 냄새가 나지 않으면
말라서 부스러지는 외로움이 묻어 있지 않으면
시는 아니다.
꽃을 예쁘다고 말하는 것은
한 송이 얼마라는 상업주의에 저항하지 않고서는 쓸 수 없다.
탐욕과 명령의 냄새가 나면 시는 아니다.
그래서 내 글은
시는 아니다.

의미와 재미라는 구별로부터 자유롭고 싶다.
이모티콘 하나로 오십 년 인생에서 배운 것보다
더 많은 것을 교감하는 시대에 발붙이고 산다.
소통의 부호와 방식이 다르다고 혀를 찰 일은 아니다.
노력하라 하면 NO力으로 해석하는 세상이다.
부지런해라 하면 不止run으로 해석하는 세상이다.
계엄령을 내렸더니 병사가 계엄 수당 나오냐고 묻는 세상이다.

소통은 시급하다.
조급증에 걸린 세상은 생각할 시간을 허락하지 않는다.

효율성과 경제성은 모든 것을 조급증에 걸리게 한다.

일단 읽어는 보도록 해야 한다.
숨 안 쉬고도 다섯 줄 정도 문장을
읽어 내려갈 수 있는 사람은 문제가 아니다.
한 해 동안 책 한 권 읽을 틈도 없는 사람들도
읽어낼 수 있어야 한다.
이런 이유에 편승해 본 것이다.
타협이고 야합이라 해도 어쩔 수 없다.

무조건 빨리 읽으라고 적은 건 아니다.
천천히 읽고
대신 멈춤이라는 것
좀 해보자는 것이다.

머리로 시도하는 자기경영이
마음으로 시도되는 정도의 바람이다.
그랬으면 좋겠다.

이 글을 읽는 사람이
기죽지 않고
용기 잃지 않고 욕심이라면
다시 도전해 볼 힘을 얻어가면 더 좋겠다.

거칠고 내세울 것 없는 글

재주의 한계를
흠이 아닌 틈으로 봐주면 욕심이겠는가.
그저 지나친 압축이
과도한 생략이
혼자만의 넋두리가 아니길 바란다.

틈은
새로운 생명이 움트는 공간일 테니
널리 양해를 구한다.

차례

여는 글 視   016

1부 根

힘들어도 싸게 팔지 마	035
가격과 가치	037
싼 것에 노출시키지 말자	039
탁란운명에서 벗어나자	041
나는 나를 보지 못한다	043
나를 찾는 법	045
내 안의 나와 그림자	047
그림자의 속성	049
고통스럽고 불안한가	051
위기의 정체	053
어디로 가는가	055
민낯의 나를 만나는 것은 행운이다	057
역문현답 易問賢答	060
직職의 의미	062
업業을 가졌는가?	064
무엇으로 미칠 것인가	066
관점 전환	068
답의 종류	071
그래, 그거야	073
꿈 감별 기준	075
살았다는 것	078

2부 行

시작하는 법	083
실수와 실패	085
흉터와 추억 사이	086
끈 풀지 말고 끊어 버리자	088
행동 지속과 집중의 조건들	090
불공평과 실력 그리고 노력	091
학습에 대한 생각	093
암기	095
습관의 논리	096
배움에 대한 착각	098
감동 感動	100
바쁘다는 것에 대한 생각	102
한심한 것이란?	104
돼지에게 꿈을 배운다	106
몰입의 양이 나의 신분이다	108
하수와 고수	109
글자 한 자의 위력	112
'을'과 '만' 그리고 삶	113
점 하나의 위력	114
과거 미래 현재 처세법	116
잘 사는 것	118
옷 한 벌	120

3부 成

미래 예측	125
익숙 미숙 성숙	127
버티는가 견뎌내는가	129
위험	131
성과를 내는 사람의 특징	133
포기했다고 말하려면?	136
오해하는 것들	138
노력이 결과가 되지 못하는 이유	140
근면, 성실은 노예의 덕목이다	142
데드라인을 가졌는가?	144
장점 발견이란?	147
단점에 대한 생각	149
속지 말아야 할 것	151
별 볼 일 없다는 말	153
두려움을 굶겨 죽이자	154
긍정의 배신	156
책의 의미	157
이력서 작성법	159
실패에 대한 또 다른 생각	161
가난 그리고 궁핍과 검소	162
미완이 완성이다	163
'하면 된다'의 숨겨진 의미	165

4부 愛

사랑한다는 것	169
내 편일 것 같은 사람	171
거인을 무엇으로 누가 깨울까?	172
아름답다는 것은	174
볼 때마다 많은 생각을 하는 것	176
사랑 찾기	178
사랑	180
사랑의 속성	181
사랑을 한다는 것	183
사랑이 서툰 이유	185
사랑의 색깔	186
아비 어미의 사랑	187
존재와 실존	188
신의 사랑을 표현하는 방법	189
이기가 이타다	191
세신사 리더십	192
생각 오염 방지 조치	193
힘든 사람 도와주는 법	195
관심의 가족사	197
내 편이 있는 사람은 외롭지 않다	198
'그래도'라는 섬	200

5부 心

위장 사회	205
자기 연민	207
남 탓을 해보자 가끔은	209
실망하지 않는 법	211
친절의 낭비	213
슬픔의 족보	214
백성 민民 자에 대한 생각	215
신의 기도에 대한 응답 방식	216
삶의 공식	218
삶의 공식 2	220
공정과 공평	221
순진과 순수	223
기다림의 증거	226
욕심	228
먹는 것에 너무 많은 시간을 쓰지 말아야 한다	230
정서적 비만 상태	232
펜에게서 배운다	233
노트 리더십	235
나쁜 것과 어리석은 것	237
참는 것에 대한 생각	238
실망 관리법	240
베풂과 나눔	241
나눔은 나노테크여야 한다	242
겸손은 노예의 덕목	244

생각과 감정의 정체 245

늙음과 낡음의 체크리스트 247

6부 孤

외로운 어느 날 251

눈은 떨어지면서도 꿈을 꾼다 252

슬픔은 아픔을 모른다 254

피 냄새 나는 글 256

외로움 258

멈추지 않으면 정지당한다 260

나만의 고집 하나쯤 가지고 살자 262

문장 하나가 밥 한 그릇보다 나을 때 264

고난에 대한 생각 266

한계란? 267

고통에 관하여 268

저항의 힘 269

난관에 부딪힐 때 271

고독 272

젊다와 늙다 274

자유롭지 못한 이유 276

성장통 277

홀로서기 279

나를 키운 건 281

참는다는 것 283

고민의 끝	285
무용한 것이 유용한 것	287
해결에 대한 생각	288
애인	289
그리움	291
출산율 높이는 법	293

7부 然

그냥 두라	297
꽃샘추위	299
구름처럼 살 일이다	301
고사목을 보면서	302
가짜 휴식	304
단풍에서 배운다	306
그냥 리더십	307
애쓰지 말자	309
도토리를 줍지 않기로 했다	311
바람의 고민	312
존재의 증거	313
꽃의 리더십	314
이슬과 이별	316
봄비라고 마냥 좋은 건 아니지	318
바다의 독백	320
주는 것	322
물소리	324

물소리 2	325
추락하지 말고 낙하해야 하는 이유	326
곶감으로 살 일이다	329
반달이 좋은 이유	331
가끔은 그냥 산다고 하자	333

8부 智

어리석어야 하는 이유	339
느끼지 못한다는 것	340
바다 리더십	342
기억과 과거	344
갈림길	346
기죽지 말자	348
창조적인 삶	350
말과 글 그리고 시	351
헷갈리는 질문들	352
힘의 총량	354
'다'라는 글자	355
'힘'이라는 글자	356
정들기와 힘들기	357
침묵의 힘	358
침묵의 힘 2	360
총량 불변의 법칙	362
궁금, 의문 그리고 질문	364
반대말	366

반대말 2	368
인생을 낭비한 죄	370
졌다는 것의 증거	372
다짐	374

9부 通

궁즉변 변즉통 통즉구 窮卽變 變卽通 通卽久	377
참지 말고 울자	379
짐에 대한 생각들	381
똥 철학	383
책의 본질	384
내 맘에 가시가 있다	385
이견異見과 의견義見 그리고 이견離見	387
경청의 필요성	389
역발상 파워시대	390
눈을 감으면 보이는 것들	392
불통 분담금	393
빈틈	394
용서	396
기도의 변질	397
기도의 실상	399
기도에 응답이 없는 이유	400
적절함이란	402
누구도 만족시킬 수 없다	403
비판	405

비평	407
사회의 반칙	408
사이의 미학	410

10부 樂

그까짓것 이까짓것	415
직접해야 재미있다	417
즐거움의 정체	418
지지자 불여호지자, 호지자 불여락지자 知之者 不如好之者 好之者 不如樂之者	420
굳이? 왜?	421
ㄲ에 모음을 붙여보니 재미가 있다	422
이류라고 말하면 삶이 즐겁다	423
참여하지 않은 축제는 숙제다	424
우선순위	427
나중이 즐거움의 살해범이다	429
즐겁다는 것	431
희망, 낙관, 긍정의 차이	433
강물의 즐거움	435
애써 만나지 않아도 되는 사람들	438
철학자들의 즐거움에 대한 생각들	440
독서처방전	443
독서처방전 2	447
잘 산다는 것	451
청년을 위한 바람	453
재벌 총수를 위한 기도	455

| 소외된 이들을 위한 기도 | 457 |
| 당신을 위한 기도 | 459 |

닫는 글 貴 　　　　　462

1부 - 根

길이 없는가?
뜻이 없는가?
무엇이 시작이고
무엇이 뿌리인가?

늘 시작은
뿌리에서부터다.

땅속에서 그 답답함을
견디지 못한 싹은
성급한 마음에
고개를 내밀다가
꽃샘추위에 사그라진다.
가장 먼저 해결하고
넘어가야 할 문제다.

소주 한 박스를 마시며
밤을 새운다 해도
이 부분에 대한 얕은 젊은은
나이 들어 방황을 낳고
정작 달려야 할 때
뒤돌아보는 것은 실수를 낳는다.
새는 날 때
뒤돌아보지 않는다고 한다.

힘들어도 싸게 팔지 마

싸게 팔지 마라
먹고 살 일에 조급증이 날 때
은사님 지나가듯 하신 말씀,
삼십 년 살고서야 알아들었다.

비싸게 팔라는 말인 줄 알았다.
가격을 말하는 것이 아니었다.
가치를 말하는 것이었다.
당장 힘들어 헐값에 팔아야 했다.

몸뚱이 닳아 삐걱거릴 때 되어서야
싸게 파는 것이 아니었음을
조금만 팔아야 비싼 것임을
가치와 가격은 다른 것임을
내가 나를 살 수도 있었던 것을
그저 조금 알 것 같다.

차라리 팔지 말고 그냥 주어야 했고
끼워서 팔지 말고 아껴두어야 했고
묵혀서 더 비싸지는 것도 있었다.
다른 곳에 가면 더 가치 있어지는 줄도 모르고 살았다.

하나밖에 없는 나를

쪼개고 나누어 싸구려로 끼워 팔 일은 아니었다.

오늘 팔지 않으면 영영 못 팔 것처럼 조급해 할 일은 아니었다.

이곳에서 안 팔아도 되는 일이었다.

힘들어도 싸게 팔지 말아야 한다.

힘들어도 싸게 팔지 않는 법을 연습했어야 했다.

가격과 가치

가격은 원가에 이윤을 더한 것이다
가치는 가격에 더해지는 효용이다

가격은 노동력 교환의 개념일 뿐이다
내 가치는 나를 통한 효용이다

가치에서 가격을 뺀 만큼이 존재 이유다

가치보다 가격이 크면
구매하는 사람이 계속 사 줄 리 없다
그 순간 노동시장에서 퇴출된다

가치로 표현되는 자는 불안하지 않다
가격으로 표현되는 자는 불안하다
가격은 매매의 기준이기 때문이다

매매賣買는 팔고 사는 것이다
파는 자는 선비 사士를 머리에 이고 있다
선비는 가치를 가진 사람이다
가치가 없으면 사지 않으니, 팔리지 않는다
가치가 없으면 그저 교환될 뿐이다

가격 중심에서 가치 중심으로
목표 중심에서 목적 중심으로
그제야 가치는 생긴다

내 통장에 들어오는 것은
가치인가, 가격인가
몸값이 들어오고 있다면, 탈출해야 한다

싼 것에 노출시키지 말자

싼 것에 나를 노출시키지 말아야 한다
싼 옷은 킬로그램kg 단위로 판매된다

검소하다느니
소박하다느니 하는 말에 현혹되지 마라
검소한 사람이 주변 사람에게 저지르는 인색함이 더 크다

싼 음식 먹지 말고, 최선의 것을 먹어라
싼 옷 입지 말고, 조금은 부담스러운 것을 입어라
싼 소리 듣지 말고,
싼 모습과 행동 보지 말아야 한다
보따리에 싸서 파는 것이 싼 것이다

어떻게 살아도 다 살아진다
싼 것에 노출되지 않으려고 애쓰지 마라
애쓰는 것 자체가 싸구려다
그저 싼 것들과 떨어져 살아라

흔한 것은 싸다
대체 가능한 것도 싸다

아끼다 똥 된다는 말은 명언이다

괜찮은 것 하나쯤,
나에게 선물해 보자

탁란운명에서 벗어나자

뱁새 둥지에 알 낳은 뻐꾸기
누구도 허락한 적 없었지만
뱁새의 탁란운명은 그렇게 시작되었다

남의 새끼 품어
뻐꾸기알 부화되는 날
뱁새알은 죽음의 무덤이 된다

무지한 뱁새는 털이 빠지도록 먹이를 나르고
어미보다 더 커 버린 뻐꾸기 새끼는
미련 없이 둥지를 떠난다

내가 흘린 땀이
남의 새끼 뻐꾸기를 키우는 일이라면
자다가도 벌떡 일어설 분한 일이다

뻐꾸기 새끼가 둥지를 떠나는 날
둥지 바닥엔 처참히 깨어진
내 새끼의 흔적이 처참하다

나는 누구의 알을 품고 사는가
내가 품고 있는 알이

내 알인 것은 맞는가

남의 알을 품고서
내 알인 양 체온을 높이고 있다면
기구한 뱁새 운명은 언제나 끝이 나려나

조금 힘들어도
내가 낳은 알
내가 품고 살아야 한다

나는 나를 보지 못한다

나는 군주론에서 마키아벨리가 목숨 걸고 말한
"산을 그리려면 평지로 내려가고
평지를 그리려면 산으로 올라가야 한다"라는 글을 좋아한다

바닷속 고기는 바다를 아는가
알 리가 없다
한 번도 본 적 없으니 어찌 안다 하겠는가

나는 나를 아는가
그저 내 그림자만 보고 살았으니
나도 나를 본 적이 없다

이미 나무인데 나무가 되려 했고
벌써 핀 꽃인데 꽃을 찾아다녔다
이미 나무이니 물 찾고
이미 꽃이니 벌 만나면 되었을 것을

나를 한 번이라도 만나 봐야 하는 이유다
진짜 나를 만나기 전까지는
나를 만나는 일 외에 아무 짓도 하지 말아야 한다

내 안에 금광을 두고 무얼 찾아 헤매는가

이미 내가 명품인데 가짜로 진짜를 감추려
사방천리를 쫓아다니는가?

나를 찾는 법

가끔 질문을 받는다
자신을 찾으라 하는데
도대체 무엇이 나인가요

남이 말하는 나
내가 말하는 나
내 안의 나
또 다른 나
애초의 나
무엇이 되고 싶은 나
지금까지의 나
현재의 나
내일의 나
도대체 무엇이 나인가

들으면 기분 좋아지는 나
상상하면 웃음 나는 나
눈 감으면 그려지는 나
사랑하는 사람이 기뻐할 나
인정받지 않아도 괜찮을 나
기억되고 싶은 나

돈과 지위 말고
또 다른 나

기피하거나
미루고 있는
지금 건너편의 나

그래도 떠오르지 않거든
혼자만의 여행을 떠나보자

며칠 밤을 새워서라도 찾아보자
시간 없다 하지 말고 찾아야 한다

나이 들어, 대학 가서, 취업하고 난 후,
어떤 이는 결혼한 후, 퇴직한 후,
결국 그 시간
다 쓰더라

내 안의 나와 그림자

내 마음속에
그림자 하나 살고 있다
그림자가 짙어서
늘 걱정이었다

어느 날 알았다
빛이 밝을 때
그림자도 짙어진다는 것을
내 안에
밝은 것이 있기에
내 그림자도 짙다는걸

*

내 마음속에
그림자 하나 살고 있다
그림자가 너무 커서
걱정이었다

어느 날 알았다
모습이 커야
그림자도 크다는 것을

내 안의 나는
거인이라는 증거다

*

내 마음속에
그림자가 살고 있다
그림자가 무거워서
걱정이었다

어느 날 알았다
의미가 클 때
그림자도 무겁다는 것을
그러고 보면
내 안에 있는 나도
제법 괜찮다

그림자의 속성

그림자는 어디든 따라다닌다
빛이 있는 한 사라지지 않는다
칠흑 같은 어둠 속에서도 그림자는 생겨난다
왕이 사는 궁궐에도 그림자는 생긴다

그림자는 빛이 밝을수록 진하다
그림자가 진하다는 것은
반대쪽에 더 밝은 빛이 있다는 증거다
내가 어디를 보느냐의 문제일 뿐이다

*

그림자의 크기는 빛과 일체가 될 때 가장 작다
빛이 내 머리와 일체가 되면 그림자는 점이 된다
빛이 내 생각과 멀어질수록 그림자는 길어진다
빛은 희망이고 내 목표다

그림자는 반대쪽에 생겨난다
빛을 마주하면 그림자는 내 뒤로 생겨 보이지 않는다
빛을 등지면 그림자는 내 눈앞에 생긴다
그림자를 없애는 방법은 방향을 트는 것이다

*

그림자는 내가 만든 것이 아니다

그러니 내 삶의 그림자는 내 탓이 아니다

그렇다고 나만 생긴 것도 아니니 원망할 것도 없다

그저 또 다른 나일 뿐이다

가끔은 내 그림자와 대화도 하자

고통스럽고 불안한가

꽃은 흔들리면서 피고
뿌리는 목마름에 뿌리를 뻗는다
가지는 바람을 피하지 않았기에
뿌리는 그 길이를 더할 수 있었다

새는 바람을 맞서면서 하늘을 날고
나비는 바람에 날려서 꽃을 만난다
구름은 바람에 밀려날 때 비를 내리고
파도는 바람을 만나 폭풍의 위엄을 뽐낼 수 있다

감은 칼로 껍질을 벗기는 고통으로 곶감이 되고
곶감은 찬바람과 서리에 단맛을 품는다
과일은 전지의 고통 끝에 열매를 달고
대추는 천둥소리에 놀라 씨를 품는다

신은 견딜 수 있을 만큼 고난을 주는 것이 아니다
신은 견뎌낸 고통만큼 복을 주신다
잡초는 밟히기 때문에 더 빨리 열매를 맺고
장미는 가시 덕분에 꺾이지 않는다

호박은 못생긴 것으로 그 수를 더하고
집 잘 지키는 개가 먼저 죽는 법이고

못생긴 나무가 산을 지킨다

해가 뜨기 전이 가장 어둡고
꽃을 시샘하는 추위가 더 추운 법이다

부디 지금의 고통에 고통받지 말고
부디 지금의 불안에 두려워 말자

위기의 정체

위기에는
기회가 숨어 있다기에
아무리 눈 비벼봐도
기회가 보이지 않는다

한 번도 본 적이 없으니
봐도 알아보지 못하는 게다

산삼을 본 적 없는 심마니가
산삼을 캐겠다며
산천을 뒤지는 꼴이다
결국 도라지 몇 뿌리 캐 들고 와서는
화까지 내며 살아간다

*

본 적 있다는 사람 찾아
물어봤더니 기회는커녕
또 다른 위기가 나를 엄습한다

어느날 알게 된다
잡으면 기회이고

도망가면 위험인 것을

무언가를 선택하면 없어져 버리는
뭐 별것도 아닌
그런 것이 위기라는 것을

위기는 선택에 죽고
두려움은 시간을 먹고 산다
그것이 위기의 정체다

어디로 가는가

오십 중턱에 죽은 선배 문상길에서
왜 그렇게 바쁘게 사냐고
시속 140킬로로 운전하는 친구가 물었다

주말도 없이 살면서
도대체 무엇을 위해 그러느냐고

……

대답 대신
속도계만 쳐다보았다

죽으니 덧없다고 말하지만
살면 뭐 할 거냐는 질문에는
할 말도 없다

"부조 받지 마라"
유언했던 죽은 선배와,

얼마 전
수를 다해 슬픔 없던 상갓집 모습이
교차하는데,

속도계는
그저 지침으로 말을 한다

*

슬프지도 않은
죽음을 위해
오늘을 산다면
그것은
속도계 탓은 아니다

바쁜 것이
슬픈 것이 아니다

어디로
왜 가는지를
모르는 것이
슬픈 것이다

그러니
부디
슬퍼하지 말자

민낯의 나를 만나는 것은 행운이다

극점에서
나를 만난 적 있는가?
살면서 내가 나를 보게 되는 것
그래서 깜짝 놀라는 건 더없는 행운이다

이역만리 여행을 가도 나를 보지 못하고
남에게 보여줄 사진만 잔뜩 찍어서 돌아온다
하루도 거르지 않고 거울을 들여다봐도
진짜 나는 보지 못한다

민낯의 나를 만나려면 부끄러워야 한다
도망가다 막다른 골목에서
굴욕이 아닌 치욕을 만나봐야 한다
혹한의 추위와 마주해야 하고
벼랑 끝에 서봐야 한다
달달거리는 팔로
나뭇가지에 매달려봐야 한다

남 때문에 받은 부끄러움은
원망으로 다시 나를 숨긴다
내 탓이 부끄러워지는 날
나는 나의 민낯을 만난다

그때서야 나는 나를 본다
나를 보기 위해서라도
벼랑 끝에 나를 세워보고
치욕을 맛보아야 한다

어느 철학자는 말한다
번지점프대에 서봐야
내가 비겁자인지 여부를 안다고
나의 비겁을 겪어보지 못한 자는
죽음 앞에서도 자기의 비겁을 모른다

지금 초라하고 굴욕적인
내 모습을 외면하지 말자
지금의 위기와 어려움은
진짜 나를 만날 수 있는 절호의 기회다
슬퍼하지 말자

내가 싫어하는 것
두려워하는 것을
정확히 아는 것은 행운이다

내가 두려워하는 일 옆에
내가 좋아하는 일이 머물고
내가 비겁해지는 일 건너편에
하고 싶은 일이 머물기에

극점에서
나를 만나는 일은 행운이다

행운을 만난 나와
축배를 들자

역문현답 易問賢答

왜 사는가 답을 못 하겠거든
왜 죽지 못하는가 물어보자

무엇을 하고 싶은가 묻지 말고
무엇을 하기 싫은가 묻자
얼마를 벌고 싶은가 말고
무엇에 쓰려 하는가를 물을 일이다

무엇을 파는가 묻지 말고
왜 사지 않으면 안 되는가를 묻고
왜 결혼했는가를 묻지 말고
왜 헤어지지 못하는가를 물어보자
왜 먹는가 말고
먹어서 무엇을 하려는가를 물어보자

물어도 답이 떠오르지 않는 건
마음으로 묻고 머리로 답하려 하기 때문이다
답을 모르기 때문이 아니라
이미 알고 있기 때문이다

어리석은 질문보다
거꾸로 하는 질문이 진짜다

우문우답보다
역문현답이다

직職의 의미

귀耳에 들리는 소리音
창戈 들고 뛰는 것이 직職이라면
직職은 노예고
머슴이라는 뜻이다

나는
누구의 소리를 듣고 움직이는가

내 귀에
누군가의 소리가 들리지 않으면
나는 한 발짝이라도 갈 수 있는가

아무도 말해 주지 않으면
나는 한 가지라도 할 수 있는가

누군가의 소리를 듣고 나서야 뛸 수 있다면
"마당쇠야 나무했냐?"
그 소리에 지게를 지고 뛰는
나는 노예다

직장職場은
머슴살이하는 장소다

나는
내가 내는 소리에 뛰어다니고 싶다

하루 한 시간 숨 쉬다 갈지라도
내 목소리
내 의지에
팔다리가 움직이는
나는 나로 살아야 한다

내 삶을 물으면 함정이고
기대면 벼랑이다

내가 묻고
내가 답하는
주인이어야 한다

주인은
절망 대신
희망을 본다

절망의 유일한 치료제는
희망이다

업業을 가졌는가?

양이 풀 뜯는 것을 보았는가
산비탈 올라서서
풀뿌리까지 캐 먹고 사는
절벽에 선 양을 본 적 있는가

풀 초艸에
양 미羊 자를 써서
업業이라 한다

업業은
뿌리를 뽑는 일이다
한번 시작하면
뿌리를 뽑는 일을 가지는 것이다

비록 그것으로
사회적 부귀를 얻지 못해
평생을 가난하게 산다 해도
그 일을 하는 과정에
비바람을 맞는다 해도
후회 없을 그런 일
하나쯤 가지는 것이 업이다

사랑이어도 좋고
가난의 종식이어도 좋다
보란 듯이 한번
보여주고 갈 그것이면 된다

상상만 해도
피가 끓는 것이 있어야 한다
목숨을 연명할 만한 일이 아닌
목숨 걸어볼 만한 일을 가지고 싶다

승부 한번 걸어볼 그 일을 가졌는가
그렇다면 조급해하지 말자
그 길을 가고 있다면
좀 더 큰 호흡을 해보자

장소가 중심인 자는
장소에서 쫓겨날 것에 두려워한다
업이 중심인 자는
장소에 구속되지 않는다

주인으로 홀로서는 자들의 비밀이다

무엇으로 미칠 것인가

소 귀에 날파리가 들어가면
소는 미친 듯 날뛴다
손이 없어 속수무책이니 그럴 만도 하다

내 목에 음식이 들어가면
밀려오는 졸음을 참을 수 없다

미치면 미친다는데
내 몸속에 무엇이 들어가면
나는 미칠 것인가

이루지 않고서는 죽을 것 같은 그런 꿈이
내 몸속에 쑥 하고 들어오면 좋겠다

눈·코·귀로 들어오는 것은 신의 몫이고
입안에 집어넣는 것은 나의 몫이다
들어오지 않는다면 먹기라도 해야 한다
무엇을 먹어야 미칠 수 있을까

미치지 못해 미치지 못하는 건
미치게 하는 것을 먹지 못해서다
이루지 않고는 죽을 것 같은

그것이 없어서다

그것이 있다면 이제 미쳐서
미치게 될 것이다

나는 무엇이 내 몸속에 들어와야
미칠 것인가

관점 전환

해야 하는 것이 아니라
하지 않을 수 있는 것이다

이쁜 것이 아니라
이뻐 보이는 것이다

가야 하는 것이 아니라
가야 하는 이유가 더 중요한 것이다
때문에 가지 않을 수도 있는 것이다

강요할 것이 아니라
내버려 둘 수 있는 것이다

때가 오는 것이 아니라
때를 기다리는 것이다

응원하는 것이 아니라
믿어주는 것이 더 중요하다

실패가 없는 것이 아니라
실패를 계속한 것이다

성적, 돈, 건강 때문에 행복한 것이 아니라
행복하니 그것이 생긴 것이다

넘어지면 일어서는 것이 아니라
넘어지면 쉬어가야 하는 것이다

하고 싶은 것 하는 힘보다
하기 싫은 일 안 할 수 있는 힘이 더 소중하다

베푸는 것이 아니라
나누어야 하는 것이다

누구나 만족시키려 애쓰는 것이 아니라
내가 만족하면 상대도 만족하는 것이다

떨어진 것이 아니라
가지 말아야 할 곳을 골라낸 것이고
헤어진 것이 아니라
더 멋진 사람 만날 공간을 확보한 것이다

몸이 아픈 것이 아니라
건강의 소중함을 깨닫게 된 것이고
돈을 잃은 것이 아니라
더 큰 돈을 담을 그릇을 산 것이다

누군가와 갈등이 생긴 것은

미움과 다툼이 아닌

조화를 위한 요인을 발견한 것이다

답의 종류

시험지에 써야 하는 것
정답

다수가 틀렸던 답
오답

다수가 맞혔던 답
해답

내가 그렇다고 하는 건
모범 답

신이 보면
모두가 오답

어차피
인생은
나만의 답

내가 답이고
유YOU도 답

답이 두 개면

답답

그래, 그거야

어느 강사가 강의 중에
꿈을 써 보자고 했다

어떤 아이는 판사, 의사라고 쓰는데
어떤 아이는 물고기만 몇 마리 그려 놓았더란다

"그래, 너 이거 잘하네."
"진짜요?"
"그래, 너 이거 하면 승부 나겠다."

"전 이런 말 처음 들어요."라고 했다고 한다

*

갑자기 반짝이는 아이의 눈빛을
우리는 못 알아본 것인가
애써 외면한 것일까

다시 만날 기약도 없는데
아이 눈빛에 켜진 희망의 불빛이
바람 앞에 촛불 같았다고 했다

제발 꺼지지 말아야 할 텐데
생일 케이크 촛불 끄듯
어른들 단체로 달려들어
후후 불어댄다면 어찌할 거나

내 눈 반짝이게 하는 그것을
빼앗기지 않을 만큼의 힘이
그 어린아이에게
과연 있을까

꿈 감별 기준

꿈 무용론이 득세한다
꿈 없이도 다 잘 살아왔다는 논리다
꿈이 오히려 부담을 키운다는 것이다

병아리는 암컷, 수컷을 감별한다
와인도 감별하고
보석은 당연히 감별한다
그러나 꿈은 감별하지 않는다
꿈을 가지고 있느냐 없느냐만 따진다
그래서 가짜 꿈을 가지고 산다

누군가 물으면 대답할 요량으로 하나씩 가진다
가짜다
가짜 꿈은 열정을 유발하지 못하고 시들고 만다

남들이 비웃으면 진짜 꿈이다
남들이 인정하면 타협된 꿈이다

물었을 때 즉시 대답하면 진짜 꿈이다
물었을 때 망설이면 가짜 꿈이다

왜?

매일매일의 선택 기준이 꿈을 위한 것이니까

눈 감았을 때 떠오르면 진짜 꿈이다
눈 감았을 때 선명하지 않으면 가짜 꿈이다

왜?
간절하면 보이니까

생각했을 때 웃음이 나오면 진짜 꿈이다
생각했을 때 걱정되면 가짜 꿈이다

왜?
남이 아닌 내가 원했던 것이니까

어려움을 만났을 때 다시 시도하면 진짜 꿈이다
어려움을 만났을 때 좌절하고 포기하면 가짜 꿈이다

왜?
과정이 힘들수록 결과가 클 것을 알기에

남을 위한 것이면 진짜 꿈이다
나를 위한 것이면 가짜 꿈이다

왜?
가치 있어야 협력자가 생기니까

정작 감별해야 할 것은 꿈이다

가짜 꿈에 취하는 것을
장자는 술 찌꺼기에 취해 산다고 했다

가짜 꿈은 차라리 없느니만 못하다
그저 무거운 짐일 뿐이다

살았다는 것

상갓집에서 울음소리 사라진 지 오래되었다
언젠가 장례미사에 갔었다
그곳에서 신부님은 말했다
"한 번도 산 것처럼 산 적 없다면,
이미 죽었던 것인데
죽었다고 슬퍼할 일이 아닙니다.
남은 유족은 이 사실을 잊지 마십시오."

산 것처럼 산다는 것 그게 대체 무엇일까?
산 것처럼 살지 못했다면
숨을 쉬고 음식을 먹었다고
살았다 할 수는 없을 것이다
화려한 옷을 걸치고 고급차를 타고 다닌다고
살았다고 할 수는 없지 않은가?

언젠가 죽는 날이 온다면 이황 선생님처럼
"화분에 물 줘라"라고 말하고 싶다
박경리 선생님처럼 "부조 받지 마라,
노잣돈 챙겨 드려라"라고 말하고 싶다

살았을 때 살았다 할 만한 사람은
떠날 때 아쉽지 않을 것이다

죽는 순간까지 다소간의 부조돈 챙겨야 하는 삶이라면
그것은 살아있다고, 살았다고 할 수는 없을 듯하다

말하는 이는 많지만
행하는 자는 적다.

내 어머니는
"주둥이로 떡을 하면
조선 팔도가 먹고도
남는다."고
늘 말씀하셨다.

2부 - 行

행하는 것이
가장 크고
가장 중한 일이다.

하려고 애쓰지 말고
할 수밖에 없도록
만들어 버리자.

호언장담하거나
돈을 지르거나
팀에 들어가거나
할 수밖에 없게 하자.
그게 빠르다.

평생 애쓰는 것보다는
훨씬 쉽다.

시작하는 법

시작이 반인데
그놈의 시작이 어렵다
시작은 얼떨결에 하는 것이 좋다
진학도, 연애도, 결혼도, 취업도
얼떨결에 시작된 것들이다
창업도 사업도 그렇다

완벽하려는 정도는
두려움의 크기에 비례한다
완벽을 추구하는 것은
두려움을 완벽하게 준비하는 것과 같다
시작하고 보는 것이
봐 가면서 시작하는 것보다 옳다

누가 갑자기 등을 밀어버렸을 때
뒤돌아갈 수 없는 상황일 때
아니면 말고라고 생각될 때
밑져야 본전이라 생각될 때
친구 따라 강남 갈 때
확 잡아당기는 사람을 만났을 때
사나운 개가 쫓아올 때

이럴 때 우리는

시작을 쉽게 할 수 있다

어차피 경쟁이라면

5할은 결정과 선택 장애다

나머지 4.5할은 시작을 못하는 망설임 장애다

시작은 0.5할에 들어갔다는 의미다

무엇이든 5%에 들면 게임 끝이다

실수와 실패

실수 + ing = 성공
실수를 계속하면 성공이고

실수 + end = 실패
더 이상 실수를 멈추면 실패다

도전 + 행동 = 실수 + 성과
즉 도전은 실수를 포함한다

실수를 계속하면 성공
포기하면 실패

실수는
도전과 실행이 낳은 자식이다

인생의 비밀은
마침표가 아니라
쉼표에 있다

중단하지 않는 한 포기는 없고
포기하지 않는 한 실패는 없다

흉터와 추억 사이

상처의 흔적
고통의 추억

난 것이면 흉터이고
낸 것이면 추억이다

아물었으면 추억이고
볼 때마다 아프면 흉터다

결과가 나쁘면 흉터이고
결과가 좋으면 추억이다

들추면 추억이고
감추면 흉터이다

흉터와 추억은 형제 같은 것이다
내가 마음먹기에 따라
흉터가 되기도 추억이 되기도 한다

흉터라 부르지 말자
영광의 흔적이고 추억이다
흉터의 크기가 영광의 크기를 담보한다

흉터는 드러내는 순간
약점이 아닌 추억이 된다

끈 풀지 말고 끊어 버리자

이어 주는 끈
묶어 주는 끈
끌어 주는 끈
이은 끈
묶은 끈
끌고 가는 끈
이어진 끈
묶인 끈
끌려가는 끈
끊고 있는 끈
풀고 있는 끈
늘어진 끈

내 운명은
끊어진 건지
풀려진 건지
당겨지는 것인지

끊어 버리면
풀려지는 것이 끈

너무 풀려고만 애쓰지 말자

가끔은 풀고 있는 것이 희망이 아니라
끊고 결별하는 것이 희망을 낳는다

끊는 것이 두려우면 살짝 놓아버리자
내려놓아야 잡을 수 있고
끊어야 풀리는 법이다

끈은 끊는 것이고 놓는 것이다

행동 지속과 집중의 조건들

W(일) = FS(힘 × 이동 거리)
일이란 힘을 가해서 이동한 거리를 말한다.
힘을 가하고 있으나 이동 거리가 없으면
일을 한 것이 아니라 용을 쓴 것이다.

행동 = (행위 × 집중성 × 지속성)
행해서 목표치로 이동하는 것이 행동이다.
문제는 어떻게 행동의 집중과 지속성을 확보할 것이냐
그것이 확신의 문제라고 보면,
'확신 = 관념 + 경험'에 의해 생겨나는 것이다.
관념이 희망적이고 좋은 경험을 한 사람은
확신이 밖으로 표출된다. 그것을 자신감이라 한다.

행동의 결과는,
맹목 = 관념값 100 + 경험값 0
공허 = 관념값 0 + 경험값 100
관념 없는 확신은 공허하고, 경험 없는 관념은 맹목적이다.
결국 자기만의 확고한 생각, 즉 나만의 관념을 가져야 하고,
결과는 경험값을 축적하는 과정이어야 한다는 것을 말한다.

이럴 때 행동은 집중되고 지속될 수 있다.

불공평과 실력 그리고 노력

1.00의 365승은 1.00이다
1.01의 365승은 37.7이다
0.01의 차이인데
37.7배의 결과 차이를
불평등이라고 한다

천 가지의 발차기 기술을 아는 것보다
한 가지의 발차기를 천 번 연습하는 사람이 무섭다
이것을 불평등이라고 말한다
축구선수 이영표는 말한다
49가지의 기술을 구사하는 사람은
연봉이 3천2백만 원인데
51가지의 기술을 구사하는 사람은
연봉이 3억 원이다
이것을 불평등이라고 말한다

A4용지를 30번 접으면 그 높이가 1,037km라 한다
A4용지를 31번 접으면 그 높이가 2,000km가 넘는다고 한다
한 번의 차이가 약 두 배의 차이를 낸다
이것을 불평등이라 말한다

테슬라의 일론 머스크는 말한다

"하루 15시간 일주일에 100시간을 일하는데
사람들은 나를 행운아라 부른다"

이것은 불평등이 아니다
노력이 무엇인지를 말하는 것이다
노력은 한 번 더 하는 것이다
노력은 한 가지만 하는 것이다
한 가지를 한 번씩만 더 해보는 것이다
이것만큼은 인정해야 한다

학습에 대한 생각

학습은 비우는 행위다
머릿속에 더 많이 집어넣어서
혼란을 가중시키는 행위가 아니다

사용되지 않거나 맞지 않는 것을 버리고
새로운 것으로 대체하는 과정이다
결국은 과거의 것을 버리는 일이다

버려야 단순화된다
단순화되어야 집중할 수 있고
집중해야 반복할 수 있다

반복해야 잘하게 되고 잘해야 성과가 난다
성과가 나면 신이 나고
신이 나면 협력자가 생긴다

함께하면 더 큰 성과를 얻게 된다
때문에 학습은 비우는 행위다
아무것도 채우지 않은
애초의 비워진 것과는 다르다
그것은 무지의 상태다
무지가 지속되면 폭력이 된다

복잡해지고 있는 학습은

다 가짜다

암기

외운다는 것은 똑같이 옮겨 써보겠다는 것
외운다는 것은 누군가보다 우위에 서겠다는 것
외운다는 것은 누군가의 생각을 모방하겠다는 것

암기한다는 것은 2등으로 한계 짓는 것
암기한다는 것은 어둠속으로 방향을 트는 것
암기는 과거에 머물겠다는 것
암기는 100점이어도 90점인 것
암기는 비교와 서열화에 유리한 것

암기는 누군가의 생각에 굴복하는 것
암기는 누군가의 생각에 편승하는 것
암기력은 타고나는 것
암기는 가장 쉽게 우월함을 드러낼 수 있는 것

외운다는 것은 AI와 경쟁하겠다는 것
외운다는 것은 업그레이드하겠다는 것
외운다는 것은 외우게 한 누군가에게 굴복하는 것
외운다는 것은 죽어 기억되고 싶은 자의 부속이 되는 것

외우지 마라
그래야 기억된다

습관의 논리

습관은
의지 값이 제로인 상태에서의 반복적 행동이다
애쓰지 않아도 할 수 있는 행동이다

의지는 무위를 방해한다
의지는 그냥을 견뎌내지 못한다
그러므로 습관은 의지가 무위에 굴복한 것이다

의지를 가져야만 할 수 있는 행동이라면
의지를 갖지 않아도 할 수 있는 행동에 열등할 수밖에 없다
각오가 당연함을 당해낼 수 없다

이런 이유에서 연습은
의지를 무력화시키는 행위다
의지는 애쓰는 것이다
애쓰는 것은 소비다
소비의 결말은 소진이고 방전이다

자연은 애쓰지 않는다
연습은 의지를 죽이는 일이다
'해야겠다' '참아야 한다'는 의지를 살해하자
그냥 해도 나름 잘 되는 그 어떤 것을

습관이라 한다
그것 하나쯤은 만들어 보자

배움에 대한 착각

배움이 습관이 된 사람들을 본다
세미나라면 빠짐없이 찾아다니고
자기 계발 서적을 끼고 다니지만
삶은 바뀌지 않는다
매번 각오만 다진다

배움에 대한 의무와 착각만 남는다
더 배워야 한다는 의무감이 자신을 옥죄고
남의 것이 내 것인 줄 착각하면서 스스로를 위로한다

읽고 듣고 말만 하는 배움이 습관이 되었다면
그런 배움은 하지 않는 것이 낫다
흡사 음식을 먹고 배설하지 못하는 것과 같다

실천 없는 배움이 습관이 되면
말이 많아지고 그래서 시끄러워지고 결국 혼란만 커진다
변명이 그럴듯한 합리성으로 위장을 한다

배운 이가 많아도
세상이 갈수록 어지러운 이유다
배우는 이유는 단 하나
행하려는 것이다

강의를 듣는 이유는
나도 말 같은 말을 해보려는 것이고
책을 읽는 이유는
언젠가 나도 한 줄의 글을 쓰기 위함이다

그러니 말하지도 쓰지도 않을 것이라면
듣고 읽을 이유도 없다

감동 感動

감사 일기를 쓰고 인문학을 하고
동기부여를 하고 긍정성을 키우고
성공 사례, 감동 사례를 읽고 듣고
다 뭐 하자고 하는 것일까?

느끼게 하자는 것이다
감感을 목표로 한다
왜일까?

감感해야
동動하기 때문이다

요즘 감은 많고
동은 줄어든다
각종 매체를 통해 느낄 일과 기회
그리고 콘텐츠는 쏟아진다

문제는
그 흔한 '감'이 '동'으로
연결되지 않는다는 것이다

동動이 없는 이유가 무엇일까?

'어디로'에 대한 방향과
'혹시나' 하는 두려움 때문이다

행동 없는 느낌은 마약일 뿐이다
마약은 중독이다
감각만 만족되는 삶은 허하다
그러니 그 감각은 가짜다

나에게 다가온 지금의 느낌을
함부로 취급하지 말자
그 느낌을 거치지 않고서는
한 발짝도 나가지 못한다

감感하면 도망을 가던지
가슴이 뛰던지
인상을 쓰기라도 한다
그것이 동動이다

감感해야
동動한다

바쁘다는 것에 대한 생각

바보다 + 바보다 = 바쁘다고 한다
바보짓을 두 번씩 하는 사람이 바쁘다

일이 바쁜가
일정이 바쁜가
일정이 일은 아니다

바쁜 이유는
시간을 다 팔아버려서
남은 시간이 없어서이다

바쁘다 하지 말아야 한다
바보 소리 듣지 않으려면

한가하다고도 하지 말고
여유 있다고 해야 한다
그래서 난 별일은 없는데 볼일은 많다고 답한다

누군가를 바쁘게 만드는 것은
그 사람의 눈을 가리는 것이다
그 사람을 노예로 부리기 위해서는
앞만 보게 하는 것이 좋다

혹시 바빠지거든
무엇인가가 내 눈을 가렸다고 생각하자
대부분 그 무엇인가는
욕심이다

선착순으로 서열화를 시키는 것은
다수의 눈을 가리는 방법으로 제격이다
지금도
학생들이 바쁜 이유다

한심한 것이란?

강의를 듣는 것만으로
자기계발서 몇 권 읽는 것만으로
일찍 일어나는 것만으로
며칠 하다 만 운동이나 취미 자랑하면서
열심히 혹은 제대로 살고 있다고 생각한다면
한심한 사람이다

나를 부르는 호칭이 영원히 자신이라고 착각하고
한 다리 건너 아는 사람을 자기인 양 착각해서 자랑하고
누군가 적어놓은 글 몇 줄을 외우고
누가 쓴 책 제목과 저자를 말하고
여행지 다녀와서 스토리 몇 개 말하면
교양인이고 잘 살고 있다고 생각한다면
더 한심한 사람이다

결과를 내 본 적도 없는 이에게 질문을 하고
비슷한 수준의 사람을 매일 만나고
자신의 실수를 위로받고 동정받으려 하고
굶주린 사람처럼 칭찬 몇 마디에 끌려다니고
'소용없다, 안 된다' 부정과 체념을 말하는 사람에게
'아니오' 한마디 못 한 채 그들의 허세를 들어주느라
시간 쓰고 돈 써서 머릿수 채워주며 사는 사람은

멍청한 사람이다

TV속 주인공 이야기로 하루의 삼십 프로를 쓰고
유튜브 가짜 뉴스에 일하는 시간만큼을 쓰고
잘못된 정치에 촛불 한번 들어본 적도 없으면서
정치인 욕에는 핏대를 세우고
누군가의 글에 좋아요 한번 누르지 않으면서
자신을 향한 비판에는 흥분하는 사람은
기피해야 할 사람이다

돼지에게 꿈을 배운다

돼지는 뒷걸음질을 못 친다
그래서 주인은 돼지 목에 줄을 매지 않는다
앞만 보고 달리는 돼지는 그 이유로 죽임을 당한다

목을 쳐들 수 없는 돼지는 하늘을 보지 못한다
돼지는 넘어지는 날이 하늘을 보는 날이다
그날 돼지는 꿈을 꾼다

꿈은 하늘 어딘가에
나만의 그림을 그리는 것이다
진로라는 이름으로 꿈을 대신하지 말자
직장이 꿈이 아니지 않은가
어느 장소에 들어가는 것이 꿈이라면
언제든 포기할 수 있는 것이고
어느 위치에 올라서는 것이 꿈이라면
어느 곳에서나 바꿀 수 있는 것이지 않은가

진로가 꿈의 자리를
차지하지 못하게 해야 한다

하늘을 보지 못한 채 사육된 돼지가
90킬로그램이 되는 날

열심히 달려간 곳에
도살장 차가 대기하고 있다
돼지는 넘어지는 날 하늘을 본다

몰입의 양이 나의 신분이다

다짐은 나이 먹을 때마다 하는 것이고
결의는 시험 결과 받을 때마다 하는 것이다
결심은 누군가 멋진 성과를 낼 때마다 한다
다짐과 결의, 결심은 트럭으로 열 트럭을 해도 소용이 없다

결단을 해야 한다
그래야 그나마 행동으로 연결된다
결단은 끊어 버리는 것이다
지금까지 계속되는 사람과 말, 그리고 생각의
그 익숙함을 끊어 버려야 한다

살아 있는 한 행동은 무엇이라도 한다
행동을 하루도 안 쉬고 100년을 하면 무엇 하는가
띄엄띄엄 하는 이곳저곳 흩어진 행동이
성과를 내는 법은 없다
몰입하지 않으면 성과가 아니다

몰입은 시간 가는 줄 모르고 식사 시간을 놓치는 것이다
그 몰입의 양이 나의 신분이다
빠삐용은 세월을 낭비한 것도 죄라고 한다
몰입하지 않는 시간은 낭비다
낭비한 시간은 빵부스러기일 뿐, 축적되지 않는다

하수와 고수

골프를 칠 때
하수의 샷은 걱정한 대로 가고
중수의 샷은 친 대로 가고
고수의 샷은 본 대로 간다고 한다

행동을 할 때
하수의 행동은 두려움대로 결과가 나오고
중수의 행동은 행동한 만큼 나오고
고수의 행동은 협력자가 생기게 한다

말을 할 때
하수의 말은 상대가 적이 되고
중수의 말은 자기는 뿌듯하나 혼자가 되고
고수의 말은 상대에게 용기가 생기게 한다

노래를 할 때
하수의 노래는 자기만 신이 나고
중수의 노래는 상대가 매료되어 멈추게 하고
고수의 노래는 상대가 신이 나서 더 성취하게 한다

하던 일이 잘못되었을 때
하수는 세상 탓하며 분노하고

중수는 자신의 무능을 탓하며 원망하고
고수는 울음을 삼키며 하던 일에 먼지를 닦는다

성공했을 때
하수는 교만스럽게 자랑하고
중수는 주변 사람에게 고맙다고 하고
고수는 어려운 사람들에게 나눈다

맛있는 음식을 보면
하수는 허겁지겁 소리내며 먹고
중수는 같이 먹고 싶은 이를 떠올리고
고수는 나눌 사람 몫을 포장한다

슬플 때
하수는 울면서 원망을 하고
중수는 누군가에게 위로받으려 하고
고수는 슬픔을 붙들고 여행을 간다

꾸중을 들으면
하수는 자신을 비하하며 자책하고
중수는 스스로를 돌아보고
고수는 관심받고 있다고 생각한다

면접을 볼 때
하수는 잘 보이려 하고

중수는 아니면 말고라 생각하고
고수는 오히려 회사를 면접한다

시험에 떨어지면
하수는 남탓하고 포기하며
중수는 원인을 분석하고 대책을 세우며
고수는 울면서 책을 편다

글자 한 자의 위력

특별하기 때문에
특별해지기 때문에

사랑했기 때문에
사랑해지기 때문에

이해되기 때문에
이해되어지기 때문에

부자이기 때문에
부자되어지기 때문에

이쁘기 때문에
이뻐지기 때문에

홀홀단신 '지' 글자 한 자의 위력이라니

완성된 모습이 아니라
나아가고 있는 모습을 한 글자로 말하다니

'을'과 '만' 그리고 삶

신을 의지하는 사람은 많다
신만 의지하는 사람은 많지 않다

내가 하는 일을 믿는다는 이는 많다
내가 하는 일만 확신하는 이는 많지 않다

행복을 원하는 사람은 많다
행복만 원하는 사람은 많지 않다

많은 사람을 사랑하는 사람은 많다
어떤 한 사람만 사랑하는 사람은 많지 않다

꿈을 가지고 있다고 말하는 사람은 많다
꿈 하나만을 위해 살겠다는 사람은 많지 않다

홀홀단신 '만' 글자 한 자의 위력이라니

욕심을 내려놓고
세상 이치를 한 글자에 담아내다니

점 하나의 위력

아 다르고 어 다르다고 하더니

Impossible
I'm possible

Dream is nowhere
Dream is now here

사랑해 보고 싶어
사랑 해보고 싶어

그럴 수 있나
그럴 수 있지

남과 님
미녀와 마녀
투자와 투기
물고기와 불고기
물과 불

식상하다 싶다가도
말장난이다 생각하다가도

두말없이 끄덕인다

그러고 보니
사람과 사랑도
삶과 앎도
그런 것이네

홀홀단신 글자 한 자의 위력이라니

이것 알아가는데
평생을 쓰다니

과거 미래 현재 처세법

과거는 해석으로 바뀌고
미래는 결정으로 바뀌고
현재는 지금 행동으로 바뀌고

과거는 긍정하면 되고
미래는 꿈꾸면 되고
현재는 선택하면 되고

과거는 현재로 바뀌고
현재는 미래로 바뀌고
미래는 또 다른 미래로 바뀌고

과거는 잊으면 되고
미래는 그리면 되고
현재는 즐기면 되는데

과거는 부정하려 했고
미래는 거부하려 했고
현재는 회피하려 했다

그래서 과거에 발목 잡혀
비루해지고

미래가 불안해

무거워지고

현재를 즐기지 못해

우울해한다

잘 사는 것

'잘'은 좋은 것
'사'는 것은 사이
그러니 잘 사는 것은 사이가 좋은 것이다

부모와 부부
부자와 형제 간에
사이가 좋으면 잘 사는 것이다

사이가 좋지 않으면
그 원인을 빨리 제거하면 될 일이다
이렇게 간단한 것을 쇼핑 잘하는 것으로 알고 산다

부를 축적하는 것보다
사이가 좋아지는 방법을
먼저 배워야 한다

사이가 좋아지는 가장 쉬운 방법은
공동의 희망을 가지는 것
서로를 보기보다
같이 바라볼 곳을 정하는 것

우리는 그것만으로

결혼도 하고

겁 없이 아이도 낳고

더러는 혁명도 한다

옷 한 벌

남의 옷 입고 다니는 이는
꼴불견이다 나도 그렇다

남의 옷 입고 자기 옷이라 우기는 자는
더 꼴불견이다 나도 가끔 그런다

입을 옷이 없는 것도 꼴불견이다
남의 옷 입고서 늘 하는 변명이다

내 옷 한 벌 장만하면 좋겠다
껍데기 나 말고
속에 든 내가 입을 옷 한 벌

아랫집 개 짖으니 따라 짖는 것으로
내 옷 한 벌 없이 남의 옷만 빌려 입고
살다 가면 억울한 일이다

옷은
신체만 입는 것이 아니다
생각도 입는다

내 생각에도

멋진 옷 한 벌
사입히면 어떨까

成果에서
果는 신의 몫이고
成은 나의 몫이다.

그저 우리는
成할 따름이다.

3부 - 成

축성에서
수성의 행동을,
수성에서
축성의 행동을 하는
실수는 하지 말자.

나는 박지성이나 가수 비가
다른 것을 했어도
성공했을 것이란 말에
동의한다.

작은 돌 하나를 쌓는 것은
사람의 일이고

탑이 되어
사람이 보이게 하는 것은
하늘의 몫이다.

미래 예측

내일이 궁금하다고 한다
궁금하다기보다는 불안한 것이 솔직함이다
미리 알면 뭐든 준비할 것 같은 기세다

돌이켜 보면 몰라서 안 한 것은 그리 많지도 않다
정작 알게 되었어도 하지 않았다
결국 아는 것과 행동은 상관이 없는 셈이다

안다 해도 행하지 않은 것은 믿음이 없어서이다
결국 확신의 몫이 남아있는데
확신은 간절함이고 간절한 어떤 것은 희망이다

예측은 남이 만든 것을 알고 싶은 것
안다고 한들
만든 사람이 바꿔버리면 어쩔 것인가

가장 확실한 예측은 미래를 내가 만드는 것이다
내 생각대로 내가 말한 대로
그리 해버리면 될 일이다

의존하지 말자
내가 만든 세상을 내가 사는 것이다

설혹 그 세상이 남들 눈에, 맘에 들지 않는다 해도
기죽지 말자

익숙 미숙 성숙

익숙해지지 말아야 한다
칭찬에 익숙하면 비난에 흔들리고
대접에 익숙하면 무시에 힘이 든다

익숙함은 반복의 증거다
반복은 성과를 내지만
또 다른 새로운 반복을 당해내지 못한다
그 순간 그 반복은 지겨워진다

정작 익숙해져야 할 것은
익숙함에서 낯선 것으로의 이동이다
익숙함에 머물지 말 일이다

가난에 익숙하면 배고픔이 계속되고
보상에 익숙하면 행복을 못 느낀다

익숙함에 머물지 말고
미숙이란 고향을 떠나
성숙이란 낯선 여정을 시작해야 한다

지금 당장
익숙과 결별해야 한다

사람은 옳은 것으로 행동하는 것이 아니다
사람은 익숙한 것으로 행동한다

내가 가진 익숙함이
지금 내 삶의 결과라면
결별해야 하는 이유다

쇼펜하우어는
삶은 권태나 불안 사이의 추라 하는데
익숙함에서 오는 권태에서 돌아올 줄 모른다

반복이 일상이고
일상이 행복이라는 주장이 꽤나 설득력이 생겼다
이 말은 '흐르는 물 속에서 멈춤'임을 모르는 것이다

버티는가 견뎌내는가

포기하지 말라는 것이
하던 것 계속하라는 줄 알았는데
옳은 것만 계속하라는 말이었다

했으면 끝을 보는 것이라는 줄 알았는데
의지를 가지고 한 일만 말하는 것이었다

포기는 절대 하면 안 되는 줄 알았는데
빠를수록 좋은 포기도 있다
일을 그만두지 말라는 줄 알았는데
꿈을 그만두지 말란 것이었다

지금의 방법으로
다른 결과를 기대하는 것
지금의 수단으로
나아지길 바라는 것

성실성만이
성공의 유일한 길이라고 생각하는 것
내가 가진 생각이
절대적으로 맞다고 행동하는 것

시대 흐름에 맞으면
무조건 성공한다는 생각
아이템만 좋으면 누구나 성공한다는 생각
돈이 인생의 전부가 아니라는 생각
나는 아무것도 할 수 없다는 생각
겸손이 최고의 덕목이라는 생각
나의 희생이나 참음이 인내라는 생각

행복이 어딘가에 있는 것이라는 생각
사랑은 달콤하기만 한 것이라는 생각
자녀는 좌절하지 않게 길러야 한다는 생각

포기가 빠를수록 좋은 것들이다

버티는 것과 견뎌내는 것은 다르다
포기해야 할 것에
시간과 근육을 쓰는 것은
버티는 것일 뿐이다

버텨서 되는 일은 없다
시간을 뭉개는 것이
견디는 것은 아니다

위험

겸손함은 노예로 살아가게 될 위험도 있고
감사함은 받는 것에 익숙해질 위험이 있다

웃는 것은 어리숙해 보일 위험이 있고
우는 것은 단단하지 못해 보이는 위험이 있다

누군가를 만난다는 것은 애써야 하는 위험이 있고
솔직한 것은 적을 만들 위험이 있다

일을 잘하는 것은 일을 도맡을 위험이 있고
예쁘고 멋진 것은 구설에 휘말릴 위험이 있다

똑똑한 것은 마음 쉴 곳이 없어질 위험이 있고
돈이 많은 것은 누군가를 의심할 위험이 있다

기대가 큰 것은 실망할 위험이 있고
사랑하는 것은 희생을 감수해야 할 위험이 있다

결혼은 이혼의 위험이 있고
기쁨과 행복은 슬픔과 불행의 위험이 있다

안정은 불안을 감내하지 못하는 위험이 있고

관계는 고독을 감내하지 못하는 위험을 가진다

도전하는 것은 실패의 위험이 있으며
아무것도 하지 않는 것은 아무 일도 일어나지 않을 위험이 있다

실패하지 않는 것은 성장하지 못할 위험이 있고
공부하는 것은 자유를 누리지 못할 위험이 있다

일확천금은 일손천금의 위험이 있고
명예와 권세는 상처와 추락의 위험이 있다

결국 위험하지 않은 것은 없고
위험하지 않은 곳도 없다

위험은 맞서야 하는 것이다
위험에서 도망치지 말자

성과를 내는 사람의 특징

그들은 되면 좋겠다가 아니라
이미 된 것처럼 말한다
그들은 결과를 내겠다고 하지 않고
할 수밖에 없도록 만든다

안 하고는 안 되도록
할 수밖에 없도록
자신을 벼랑 끝에 세워버린다

그들은 하면 된다가 아니라
하고야 말겠다고 말하고
돈을 빌려주면 좋겠다고
혹은 물건을 좀 사달라고 하지 않는다
돈을 얼마나 투자할 거냐고 말하고
물건을 몇 개 드릴까요 라고 말한다

생각은 짧게 하고
행동은 빠르게 한다

어차피 시켜야만 하는 사람
즉 의사결정 장애자가 90%라면
신속한 의사결정만으로도

10%에 들어간다는 것을 안다

그들은
협력을 이끌어내는 사람이다
자신은 핵심만 집중하고
다른 부분은
타인의 동참을 이끌어낸다

그들을 도와주면서도
신세 지는 것처럼 만들어버린다
그 비밀은 먼저 주기 때문이다

그들은 고난이 생길 것을 이미 알고 있다
어떤 고난이 어떤 형태로 발생할 것을 알고 있다
때문에 반응하지 않고 대응한다

그들은 정해진 기한이 있다
'언젠가는'이라고 하지 않고
'언제까지'라고 한다

성과를 내는 것이 목표가 아니라
성과를 즐기는 것이 목적임을 아는 사람들이다
가장 중요한 것
"이것 하나 한다고 달라지겠어?"의 유혹을 이겨낸다

작은 것의 소중함을 아는 것 같다
이것이 날마다 넘어야 할 산이다, 나에겐
열심히 하는 것은 쉽다
남과 다르게 하는 것이 어렵다는 말에 동의한다

포기했다고 말하려면?

가진 것을 버릴 때 포기라 한다
가진 적이 없이 버린 것은 중단일 뿐이다

가진 것을 버리면 비움이다
가진 것이 없으면 궁핍할 뿐 버릴 것도 없다

결승전을 치르지 않으면 포기이고
결승에서 이긴 후 메달을 거부해야 포기다
자발적이어야 포기다
타의에 의한 것이라면 굴복일 뿐이다

이런 이유에서 자발적 포기는
매우 용기 있는 일이다
아무나 하는 것이 아니다

가져본 적 없는 것을 중단하면서
포기한 것처럼 포장하지 말아야 한다

서울대에 합격한 후 자퇴한 것이 포기다
서울대를 목표로 했다가 그만둔 것은
포기가 아니다
포기했다 함부로 말하지 말자

부자가 되어 본 적 없는 자는
무소유를 말할 수 없다
지식을 가져본 적 없는 자는
다 내려놓았다고 할 수 없다

권위를 가져본 적 없는 자가
겸손이란 말을 쓸 수는 없는 것도 당연하다

더 치명적인 한마디는, 용서는
아무나 하는 것이 아니다

가진 자
올라 선 자
아는 자가 하는 것이다
그렇지 않은 자의 용서는
비굴함일 뿐이다

포기는 내려놓음이다
뭔가 있어야 내려놓을 수 있다

누군가 말했다는
"나는 아직 배고프다"는 말은
최고 수준의 겸손이다
이미 뭔가를 가지고서도
낮추기 때문이다

오해하는 것들

메뉴얼은
판단 지침이 아니고
실행하라고 있는 지침이다

시스템은
하면 된다고 있는 게 아니고
하게 된다고 있는 것이다

좌절은
최대한 피해야 하는 것이 아니고
최대한 빨리 해버려야 하는 것이다

독서는
읽고 감탄하라고 하는 게 아니고
나도 언젠가는 한 권 쓰겠다고 하는 것이다

가족은
나중에 잘해줘야 할 대상이 아니라
지금 배려해야 할 대상이다

신뢰는
받으라는 것이 아니고 하라는 것이다

해야 받는 것이니 그렇다

행복은
어떤 상태가 되면 생기는 것이기보다
행복해야 어떤 상태가 되는 것이다

사랑도
'했었다, 할거다'가 아닌
지금 하고 있어야 하는 것이다

오인이
잘못된 해를 낳는다
그래서 오해다

노력이 결과가 되지 못하는 이유

달을 가리키면
달은 안 보고
손가락을 보니까 그렇다

흡사 돌을 던지면
개는 그 돌을 보고 달려가고
사자는 돌을 던진 사람을 보고 달려가고
호랑이는 왜 던졌는지를 생각하고 행동한다는데

노력이
목표와 일치되거나
관련되어 있지 않기 때문이다

내가 하는 지금의 행동이
비록 누워서 빈둥거리는 것일지라도
그 빈둥거림은
다음 목표를 향해 가는
그 어떤 이유이어야 한다

내가 누군가에게 보여주고 싶은 것이 있다면
그것은 정확히
달의 모습이다

그 달에 가서
무엇을 하려고 하느냐의 문제다

그러나 우리는 간혹
달이 아닌
손가락의 방향을 따지고
손가락의 생김새를 치장하는데
시간을 쓴다

혹시 가리킬 달이 없어서
그 달이 부끄럽거나
태양보다 적어서
손가락을 말하고 있는 것은 아닌지
돌이켜본다

근면, 성실은 노예의 덕목이다

근면하고 성실하다는 말에는 엄청난 말이 숨겨져 있다
'무엇을?'과 '누가 평가하느냐?'에 대한 것이다

내가 선택해서 하는 내 일을
성실하게 하고 있다고는 말하지 않는다
근면·성실은 누군가 시킨 일이라는 것이 내포된 말이다
때문에 근면함과 성실함은 노예의 덕목이다

도전이 배제된 삶은 성실과 근면을 요구한다
선택이 생략된 삶은 용기가 필요하지 않다
도전과 용기가 전제되지 않은 행동은 존경받지 못한다

주어진 일을 성실히 수행하는 자에게 질문은 필요 없다
시키는 일을 하는 자에게 의문은 저항이다
순응하는 태도는 같음의 반복이다
같음의 반복은 지겹다
그 반복의 지겨움은 피로가 되고
그 피로는 또 누군가의 위로 속에 잠재워진다

도전해 보자
그 과정에서의 어려움이 반복의 지겨움보다는 낫다

이미 도전해서 어려움을 겪고 있다면
기억하자
어려움이 없는 일이라면
도전의 가치도 없는 것이라고

데드라인을 가졌는가?

몰아치기
날 밤 새기
경험이 있다

그때 가장 큰 성과가 난다
혹자는 기적이라 한다

죽음의 선
안 하면 안 되는 선
백척간두와 벼랑 끝
바로 그것이 데드라인이다

결과는 집중과 몰입의 문제가 아니다
결과는 의지가 아니라
상황의 문제다

내가 하는 일에
데드라인이 있는가
안 하면 안 되는
데드라인을 설정했는가

쥐도 고양이를 무는

그 간절함과 궁함을 가졌는가

나의 데드라인은
얼마의 간격인가
짧게 그으면 반복도 빠른 법
그것이 비밀이었다

언제까지는
몇 번만큼은
반드시 해야 하는
그 데드라인이 없었다

데드라인을 하나 정해보자
이때까지는 마무리할
그 무엇을 정하자
그리고 나머지 시간을
나를 위해 확보하자

그것이 현재를 즐겨서
행복량을 늘리는 것보다
훨씬 현실적이다

현재를 즐기는 일이
그리 쉬운 일 같으면
철학자들이 수천 년을 말할 이유가

없었을 테니까

북세통*은 나에게 데드라인이다

---
*북세통: 필자가 20년째 진행하는 독서 프로그램이다. 매주 한 권의 책을 요약 강의한다.
매주 토요일 새벽 06:40 온라인으로 진행.

장점 발견이란?

무엇을 직업으로 해야 하느냐?
잘하는 것을 직업으로 해야 한다
문제는 장점이 뭐냐고 물으면 대부분
장점을 모르겠다고 한다

내가 잘하는 것인가?
하면 좋아하는 것일까?

비교해서 더 긴 것인가?
길게 할 수 있는 것인가?
더 강한 것인가?
더 부드러운 것인가?
누군가가 장하다고 하는 것일까?

어쩌면 장점이란
내가 가장 길게 해온 일
길게 할 수 있는 일이다
그래서 긴 장長을 쓴다

재미있어야
길게 할 수 있을 것이고
부드럽고 자연스러워야

재미있을 것이다

그래도 모르겠거든
가장 길게 하고 싶은 일이
장점이다

그래도 모르겠다면
내가 하기 싫은 일
내가 두려운 일
내가 힘들어 하는 일의
반대쪽 혹은 옆에 있는 어떤 것이다

성공이 하고 싶은 일
하는 것이라지만
성공은 하기 싫은 일
하지 않는 것이기도 하듯이

단점에 대한 생각

못하는 것이 아니다
안 해도 되는 것이다

욕 먹는 것이 아니다
욕 안 먹어도 되는 것이다

결핍으로 뚫어진 구멍이 아니라
누군가를 빛내줄 빈자리이다

물러 터진 것이 아니다
단단해서 뻣뻣한 것이다

단기간에 승부 못 내는 것이 아니라
천천히 해도 되는 것이다

단점은 사실 단단한 점이다
누군가의 장점을 만나기 위해
우리는 사랑의 여정을 하는 것이다

사랑이 원하는 것 잘 해주는 것이 아닌
싫어하는 것 안 하는 것인 것처럼
단점은 부족해서 숨겨야 할 것이 아니라

드러내서 더 이상 신경 쓰지 않아도 되는 것이다

단점은 드러내는 순간 장점이 된다
솔직하다거나 재밌다고 한다
가끔은 상대방의 싸가지를 드러나게도 한다
만나지 말아야 할 사람을 구별하게 해준다

숨겨야 하는 것이라면
노출에 대한 두려움이
평생 동안 얼마나 나를 괴롭히겠는가

속지 말아야 할 것

둥글면 공평하다 생각한다
우리가 축구에 열광하는 이유다

정작 문제는 공이 아니다
문제는 운동장이다

발로 차면 날아가고
바닥에 닿아야 구르는 것을
둥근 공만 쫓다 보니
기울어진 운동장이 보이지 않는다

정작 우선해야 할 일은
공을 차고 쫓는 것보다
내가 뛸 공평한 운동장을 고르는 일이다

나는 어디에서 공을 차려 하고 있는가
무슨 일에 도전할 때는
운동장이 고른가를 봐야 한다

공정과 정의다
축구공은 공평이고
운동장은 공정이다

모두가 자신들의 축구공은 둥글다고 한다
그러나 정작 중요한 것은
기울어진 운동장이다

기회가 공평하다고 해서
공정한 것은 아니다

혹시 나는
기울어진 운동장에서 게임을 했는지 모른다
그러니 기죽지 말자

나도 공정한 운동장에서 게임을 했다면
제법 잘했을 수 있다

실력이 없는 것이라는 말에 속지 말자
평평한 운동장을 내가 만들자

별 볼일 없다는 말

자주 볼 필요가 없는 사람을
별 볼 일 없다고 한다
가치 없고 형편없다는 말이다

이렇게 생각해보자 내가 이미 별이어서
별을 볼 필요가 없다는 말일 수도 있다
자주 볼 수 없는 사람이라고

한때 별 보고 일 나가는 어떤 이는
별 볼일 없이 살게 해달라
기도도 했다는데

그때마다 되뇌이자
나는 별이다
별은 스스로 빛을 낸다

눈부셔서 내가 나를 볼 수가 없다
내가 별인 것을 나는 볼 수 없어
모르고 있을 뿐이다

내가 별이기에
다른 별을 볼 필요가 없는 사람이다

두려움을 굶겨 죽이자

일어날 일에 대해서
마음에 생겨난 걱정이라면
혹시 누군가가 두려워하도록 의도한 건 아닐까?
의심해 보자

누군가가 의도한 것이라면 우리는 방어하려 한다
두려워하지 않을 수만 있다면
그 의도에 넘어가지 않는다면
오히려 상대는 얼마나 당황할까

상대가 무엇을 두려워하는지 알았으니
그러면 그렇게 하면 되겠네

실패가 두려운 것이 아니다
그 실패에 대한 누군가의 관심이나
평가가 두려운 것이라면 신경을 끄자

내가 누군가의 실패에 관심 가져 본 적 없듯이
남들 또한 내 일에 그리 큰 관심 없다

그리고 한 가지 더 기억하자
두려움은 시간을 먹고 자란다는 사실도

시간을 안 주면

두려움은 굶어 죽는다

긍정의 배신

긍정하면 다 된다고 하지만
긍정의 배신에 긍정한다
NO 할 줄 알아야 하고
저항할 줄도 알아야 한다

무조건 긍정은 사유 없음의 증거이고
초월적 긍정은 무위에 도달한 것이다

부정은 창조의 어머니이기도 하고
긍정은 행복의 어머니이기도 하다
긍정은 생각이 없어 보이고
부정은 정보를 차단당한다

속지 말아야 한다
긍정은 수긍될 때만 해야 하고
긍정하는 척하는 것은 결국 부정이다
긍정에 속지 말아야 한다

삶의 기준이 없는 사람이
모든 것에 긍정하면
결국 남의 기준에 긍정하게 되고
그런 긍정은 반드시 나를 배신한다

책의 의미

나는 쓴소리 해주는 무엇을 가졌는가
책 읽지 않는다고 책망하고
이번에는 읽겠노라 다짐한다
가진 것 없는 자가 할 수 있는
가장 값싸고 가성비 좋은 방법은
스스로 책잡는 일이다

프란츠 카프카는
책은 도끼여야 한다고 했지만
책은 자신에게 책 잡는 법을 가르친다
그래서 책이다
스스로를 책잡는 것,
성찰이다

누가 나에게 책잡는 이야기를 솔직하게 하겠는가
설혹 한다고 한들 내가 그것을 견뎌낼 자신도 없다
그러니 우리는 서로에게 영혼 없는 칭찬만 한다
요즘은 충고 따위는 하지도 말라고 한다

책은 읽은 이에게 책잡는 존재다
그것도 스스로 느끼게 책을 잡는다
놀라운 것은 책을 잡히고서

화내지 않게 하는 능력을 가지고 있다는 점이다
책잡는 누군가가 곁에 있다는 것은 행운이다

이력서 작성법

매년 이력서를 쓰라고 했다
학교를 졸업해도 이력서의 무게가 늘지 않았다
빈 이력서가 여백이 아니라 부족으로 다가왔기 때문이다
축제를 벌여야 할 공간이 숙제로 보인 것이다

내가 쓴 이력서는 履歷書였다
공간을 채우기 위해 바빴던 이력을 쓴 것이다
내 삶이 바빠진 이유다

學歷이 아니라 學力을 써야 했다
능력이 아니라 역량을 써야 했듯이
과거가 아니라 미래를 쓰면 될 일이었다
미래가 아니라 현재를 쓰면 될 일이었다

이력서는
다름의 異力이어도 좋겠다
이곳저곳 옮겨 다닌 移歷이 아니라
떠나본 경험, 즉 離歷이어도 좋겠다
누군가를 이롭게 한 利力이면 더 좋겠다
누군가의 이야기를 들어주는 耳力이면
이 세상이 행복하겠다

나는 이제
이력서가 두렵지 않다

나는 "운은 땀 냄새가 나는 쪽으로 방향을 튼다"는
니체의 말을 좋아한다
이력서에서는 돈 냄새가 아닌
땀 냄새가 나야 한다

실패에 대한 또 다른 생각

실패가 성공의 아버지가 된 경우보다
실패가 죽음의 아버지가 된 경우가 더 많다

실패는 반복을 요구한다
반복할 수 있을 때만 실패는 성공이 된다
실패에 전략이 필요한 이유다

실패가 당연한 것이라면
그로 인해 생겨난 상처와 어려움도 당연한 것이다
무조건 견디고 이겨내야 할 일은 아니다

견뎌낼 만큼의 실패여야 한다
견뎌내지 못할 만큼의 고통은 없다고 꼬드길 일은 아니다

실패를 최소화해야 한다
견뎌내는 것이 의지만의 문제는 아니다

견뎌낼 수 있을 만큼만 실패하자
다시 도전할 수 있을 만큼의 여력은 남겨두자

다시 일어설 수 있을 만큼만 넘어졌기에
아이는 걸음을 배울 수 있었다

가난 그리고 궁핍과 검소

돈이 없어 불편한 것이 가난이다
가지고 싶은데 가질 수 없는 것이다
상태에서 벗어나기보다는
그 상황에 익숙해지려 하는 속성을 가진다

가난은 회피할 일이 아니다
가난은 기침처럼 숨길 수 없는 것
가난이 죄가 된 지는 오래되었다

가난은 적응하고 극복할 일이 아니다
가난에 적응하고 검소함이라 치장해도
그것은 궁핍이다

궁핍을 검소함으로 속인 채 살아가는 삶은
구멍 난 양말 신은 사람이
구두를 벗을 수 없는 마음이다

슬픈 것은 가진 자의 절약은 검소이지만
가난한 자의 절약은 궁핍이다
궁핍한 자의 말은 사실일지라도
변명으로 들린다

미완이 완성이다

완성은 없다
완성은 종말이고 죽음이다
확인할 방법도 없다
확인 가능한 만큼만의 완성은 결국 미완이다
미완이 완성인 이유다

완성하려는 의지는 오히려 억지가 된다
비어 있는 미완이 완성이다
여백이 없는 그림은 없고
쉼표 없이 부르는 노래가 없듯이
나뭇가지 사이에 틈이 있듯이
그 틈과 여백까지가 결국 완성이다

바람 한 점 지날 수 없는 완벽은 절벽이다
물 한 방울 들어갈 틈이 없는 곳은 생명이 움틀 수 없다
그러니 제발 채워지지 않았음을 불안해 말자
내려다볼 만큼 높지 않음을 염려치 말자

더 이상 여백이 없을 때 우리는 죽는다
숨은 들이쉬지 못해 죽는 것이 아니라 뱉지 못해 죽는다

비워진 채로

낮은 채로
부족한 대로
그냥 두자

완벽하려 하지 말자
미완이 완성이다

'하면 된다'의 숨겨진 의미

'하면 된다'고 한다
사실은 '해야 된다'이다
무엇을 해야 되는가?
하기 싫은 것을 해야 한다
그래야 하고 싶은 것이 된다

결국
'하기 싫은 것을 해야
하고 싶은 것이 된다'이다

중간이 생략된 말에
많은 사람들이
하고 싶은 것만 하려 하고

결국
하고 싶은 것을 못 하고 산다

가장 강한 에너지를
주고받지 못한다면
어떤 힘으로
살아갈 것인가?

4부 - 愛

보약을 먹을 일이
아니라

사랑을
주고받아야 한다

삶이 나의 길을
빨리 가는 것이 아니라면,
삶은 나의 길을
끝까지 가는 것이라면,
에너지 없이 어찌 가겠는가?
가다가 만날 벽을
무슨 힘으로 넘을 텐가?

가장 먼 길을
가장 빨리 가는 방법은
사랑하는 사람과
함께 가는 것이라 하지 않던가?

사랑한다는 것

살아보면
나를 가장 아프게 하는 사람이
내가 사랑하는 사람이다

나를 가장 애타게 하는 사람도
내가 사랑하는 사람이다

나를 많이 울게 하는 이도
결국 내가 가장 사랑하는 사람이다

아프고 힘들고 눈물이 나도
견뎌내야만 하는 이유다

바람 불어
구름은 가고
구름이 비 내려
피어난 꽃이
결국 비바람에 지고 말지만

바람 덕에
멀리멀리 여행을 하듯
우리 사랑도

그렇지 않겠는가

나를 힘들게 하거든
내가 가장 사랑하는 사람이라 생각하고
누가 중심인가를 생각하면

사랑 때문에 생겨난 문제는
결국 소멸한다

말로 할 수 없는 사랑보다
말할 필요가 없는 사랑이 더 애틋하다
사랑은 견뎌내는 일이다

내 편일 것 같은 사람

내 편일 것 같은 사람으로
있을 때가 좋다

내 편은
내 편이라는 이유로
내 편이 아닐 때가 많기 때문이다

내 편인 줄 알았는데
내 편 아니면
실망을 넘어
배신을 느낀다

내 편일 것 같을 때
우리는 행복하다

내 편임을 확인하려 말고
내 편이라 생각하며 살 일이다

어느날 서로가
우연히 확인하는 날
우리는 진정한 한편이 된다

거인을 무엇으로 누가 깨울까?

예전에는 "네 안에 잠든 거인을 깨워라"라고 하면
뭐라도 해야 할 것 같은 생각이 들었다
요즘은 그런 말을 들으면
"거인 되기 싫은데..." 하는 생각이 든다고 한다
혹여 거인이라도 될까 걱정도 된다고 한다

몇몇 어려움을 극복한 사람들의 이야기를 들으면
예전엔 뜨거운 감동 같은 것이 밀려왔는데
요즘은 "고생했겠네" 싶다

예전에는 "당신도 할 수 있습니다"라고 하면
"그래 나도 한 번 해보자" 싶었는데
요즘은 "왜 굳이 그래야 하지?" 싶다

예전에는 꿈 이야기만 해도
부끄러워하면서도 하나쯤 가져보려 했다
요즘은 "또 무슨 소리를 하려고 그러나?" 싶다

어지간한 동기부여로는 끄떡도 하지 않는다
도대체 무엇으로 식어버린 열정을 다시 살릴 수 있을까?

사랑한다고 말하던 사람들이 할 일은 사라지고 있다

약간의 지적 자극으로 열정을 되살리는 일은 한계가 왔다

그나마 남아 있는 것 하나,
사랑이다

그래서 사랑은
유일한 희망이다

사랑하는 사람만이
죽은 열정을 깨울 수 있다

총이 죽인 사람보다
사랑이 없어 죽은 사람이 더 많다

아름답다는 것은

나무가 아름다운 것은
그 자태가 아니다
뙤약볕 속 누군가에게
그늘로 쉼을 주기 때문이다
한겨울에 잎 다 떨구고도
숨을 쉬기 때문이다

굽이치는 강이 아름다운 것은
그 풍경뿐만이 아니다
물고기에게 혹은 어부에게
삶의 공간을 내어주기 때문이다

바람이 아름다운 것도
땀을 씻어 주기 때문이고
발 없는 구름을 어딘가로
여행시켜 주기 때문이다

바다가 아름다운 것은
그것이 무엇이건
품어주기 때문이다

별이 아름다운 것도

그 빛이 아니라
그 빛이 밤길 걷는 이를 비추기 때문이다

사람이 아름다운 것 또한
이와 같지 않을까

어린아이를 안고 있는 엄마의 눈빛이
사랑하는 사람을 아끼려는 마음이

주름진 얼굴로 허리가 휘어서도
자식 줄 요량으로 보따리보따리 싸 들고 오는
어머니의 모습이

힘들어하는 아들을
말없이 지켜봐 주는
아버지의 모습이

느릿느릿한 행동에 답답하여도
믿어주고 기다려주는 그 마음이
아름다운 것이다

치장을 해서 안고 싶을 때가 아니라
세상을 밝게 하고 미소 짓게 할 때
그래서 안아주고 싶을 때
아름다움을 느낀다

볼 때마다 많은 생각을 하는 것

예수 33세

공자 73세

석가 80세

소크라테스 70세

이순신 54세

김삿갓 56세

윤동주 27세

이상 26세

안중근 32세

윤봉길 24세

유관순 18세

박정희 62세

김영삼 88세

김대중 85세

노무현 62세

셰익스피어 52세

김구 73세

칼뱅 54세

간디 78세

괴테 83세

도스토옙스키 60세

차이점은?

공통점은?

죽었는가?

살아 있는가?

분명한 것은

죽었는데

살아 있다는 것

사랑 찾기

플라톤은 말한다
원래 인간은 물처럼 둥글게 생겼다고 말한다
인간이 교만하고 강해지려 하자,
신들이 둘을 쪼개 버렸다고 한다

인간은 그 나머지 결핍을 채우려 한다
쉼볼론symbol이다
반쪽을 추구하려는 갈망이 사랑이다

본래 모습을 찾으려고, 구르지 못하고,
뒤뚱거리며, 뛰어다니는 모습을 상상해 본다
한 번에 맞는 짝을 찾기는 쉽지 않을 터이다

고립과 단절의 시대에
이제 찾는 것조차 어렵다
결핍은 더 강한 욕망을 유인하지만
결과로 연결되지 않는다

궁합으로 사전 검사를 해보지만
사주팔자로 퍼즐을 맞춰도 보지만
성격검사로 맞는 부분도 찾아보지만
그리 호락호락 하지 않다

단 하나의 방법이 있다
내가 가진 상징을 드러내는 것이다

숨긴 채
반쪽 찾기는
혼란을 가중시킨다

느낌만으로 반쪽을 찾으려는 행위가
완전체가 아닌 불완전체로
뒤뚱거리는 세상을 만들었다

자꾸 숨지 말고 드러내야 한다

사랑이 밥 먹여 주는 것 아니고
밥 없이 사랑이 지속되지도 않지만
본능을 거스르는 일은
밥 굶는 것보다 힘들다

사랑

하는 것
받는 것
주는 것

느끼는 것
말하는 것
그리운 것

어떻게 안 되는 것
떠나갈까 불안한 것
괜히 웃음 나는 것

금방 또 보고 싶은 것
무엇이든 할 수 있는 것
만지고 싶어지는 것

아껴주고 싶은 것
자꾸만 궁금해지는 것
하는 일 없이 시간을 낭비해도
아깝지 않고 억울하지도 않은 것

사랑의 속성

사랑의 속성은 배반이다
지금 속한 무리로부터 벗어나려 하기에

사랑의 속성은 독립이다
독립된 주체로서의 감정이기 때문에

사랑의 속성은 저항이다
배반과 독립을 방해하는 것에 저항하기 때문에

저항력 없이 사랑은 성립하지 않는다
미래에 대한 희망은 과거로부터 방해를 받는다
그 방해를 벗어나려는 시도가 저항이다

사랑의 대상이
이성이거나 혹은 국가나 이념일 수 있다
내가 살고 싶은 삶일 수도 있고
내가 추구하는 가치일 수 있다

저항의 힘이 그 저항으로부터 생겨나는
좌절과 고통보다 작다면 사랑은 아니다
더군다나 좌절과 고통이 없는
온통 장미빛 그림이라면 그것은 가짜다

사랑이 절망과 형제인 이유는
그 절망 속에서 사랑은 구별되기 때문이다
얼마만큼 사랑하느냐고 묻지 말고
사랑을 지켜낼 저항력이 있느냐고 물어보면 안다

부모와 가난 혹은 국가마저도
저항하고 배반할 수 있어야 사랑이다
그 큰 힘을 경험한 사람은
배반의 고통쯤은 아무것도 아니다

사랑을 한다는 것

너만 보이는 것
다른 것은 안 보이는 것
결국 눈이 머는 것

어떤 이는 사람만 보이고
어떤 이는 국가와 민족만 보이고
어떤 이는 신만 보인다

상관없다
그것만 보인다면 사랑하는 것이다

자기경영이란
자신의 삶을 사랑하는 것이다
자신의 삶을 어떻게 살 것인가만 보이는 것이다

사랑하는 사람은
남들 눈에 어떻게 보일까를 고민하지 않는다

사랑은
주체적 속성을 가지므로 구속에 저항한다
그것만 보이지 않는다면
아직 사랑하는 대상을 만나지 못한 것이다

사람이든 일이든 생각이든
그것만 보이는 자는 사랑에 빠진 것이다

사랑이 서툰 이유

서툰 것이 사랑이다
거칠고 투박하다
이 말이 그나마 나에게 위안을 준다

다듬어져 세련된 것이면 사랑 아니다
사랑은 하는 것이 아니라 찾아오는 것이라면
애당초 내 의지와는 상관없는 일이었다

새벽 같은 것이고
한밤중 산길을 걷는 것 같은 것이면
희망과 쉼에 대한 기대만 가득한 것이 사랑이다

포장 안 된 길을 걸어가는데
먼지 날리고 발이 부르틀 텐데
같이 있다는 이유만으로 다가설 일은 아니다
그러니 각오하고 가야 할 일이다

서툴고
투박하고
때문에
넘어진다

사랑의 색깔

일방적인 데도
가슴 벅찬 것
가슴을 차여
아파서 눈물이 나면서도
가슴 가득한 무엇인가에
미소 짓는 것

사랑은
온통 아픈 것인데
아이 콩을 고르듯
어느 날부터 아픈 것은 골라낸다면
퇴색된 사랑이 시작된 것이다
색이 변질된 것이다

어쩌면 처음부터
사랑이 아니었을지도

'그러함에도 불구하고'가
'그것 때문'으로 바뀌는 날
사랑의 색깔은
변질이
마무리된다

아비 어미의 사랑

아들 녀석 앉혀놓고
아비는 애쓰고 살지 말라 하고
어미는 애쓰고 살라 한다

아비는 살아보니 별것 없고
어미는 살아보니 억울한 게다
아들 녀석은 눈치챈 듯하다

사람에 지친 이는 애쓰지 말라 하고
생활에 지친 이는 애쓰라 한다
아들 녀석은 아는지 모르는지 그저 웃기만 한다
사랑은 사랑만으로는 설 수 없는 게다

존재와 실존

존재하는 것은 신의 몫이다
만들고
태어나고
자라고
꽃피우고

그러나 실존하는 것은 우리의 몫이다
의미를 부여하고
가치를 넣고
관계를 만들고
사랑하고
희망을 가지는 것

신이 하실 일이 있고
우리가 할 일이 있다

신은 존재하게 하고
우리는 실존하게 한다

신의 할 일을 가지고 애쓰지 말자
내가 할 일 하고
신에게 서운해 말자

신의 사랑을 표현하는 방법

신은 사랑이 많으나 표현은 서툰 듯하다
직접 말하지 않는다
신이 어딘가로 가라 하면 이미 길을 준비했다는 뜻이다
신이 무언가를 하라 하면 도와주겠다는 의미다

신이 나를 넘어뜨린 것은
엎드리라는 뜻이고 겸손하라는 메시지다
신이 상처를 내는 것은
상처가 아물고 나면 일을 맡기겠다는 뜻이다
신이 느리게 하라는 것은
같이 가자는 말이고
신이 약하게 만든 것은
아파하라는 것이 아니라 신에게 의지하라는 뜻이다

이처럼 신의 언어는 곱씹어야 한다
어려움을 고난으로만 해석하면 좌절이고
은혜로 해석하면 감사가 된다

신은 구불구불한 글씨로
혹은 못 알아들을 방식으로 말한다고 했다
만일 사실이라면
지금 내가 겪고 있는 이 일도

혹시 사랑에 서툰
신의 언어인지 모른다

이기가 이타다

이기가 이타다
이타로 가장한 이기는 위선이다
나의 이기를 극대화하려면 남의 이기를 존중해야 한다

각자의 이기가 극대화된 사회가 강하다
스스로 서지 못하는 자가 이타를 말한다
스스로 서 있는 사람이 많은 사회가 강하다

이타로 가장한 이기가 우리를 힘들게 한다
'국민을 위해서'라는 정치가 그렇고
'너를 위해서'라는 부모의 사랑이 그렇다

나만 사랑하는 이기가 아닌
나를 사랑하는 이기가 이타다

이타로 위장한 리더십은 무능함이고
이기로 이타를 실현한 사람이 유능함이다

'남을 위해서'라는 말로 희생하지 말자
이기를 아는 사람은
타인의 이기를 해치지 않는다

세신사 리더십

목욕탕에서 벌거벗고 세신을 할 때면
무슨 이유인지 시키는 대로 한다
세신사가 눈빛 신호만 해도 기꺼이 알아서 돌아눕고 뒤집는다
옷을 벗으면 신분도 지위도 없기 때문일까
아무리 높으신 분도 세신사의 손가락 신호에
기꺼이 몸을 뒤집는다
좀 더 애써주길 기대하는 마음까지 생긴다
두 사람의 목표가 정확히 일치한다
돈을 받아 가며 시키는 이는 세신사뿐이다

한 가지 의아한 것이 있다
몸의 때를 벗기는 데는 군말 없이 순종하고 비용을 치르면서
마음 때 벗기는 데는 저항하고 반항한다

마음이 벌거벗지 않아서 그렇다
마음도 벌거벗기면 그리 될 텐데
겹겹이 껴입은 마음에도 때는 많은데

살아오는 동안 한 번도 씻지 못한 마음도 많을 텐데
신호만 줘도 말 잘 듣게 하는
마음의 때밀이를 만나고 싶다
영혼의 세신사도 만나면 좋겠다

생각 오염 방지 조치

식당에 간다
음식이 나오기 전, 연장자에게 수저를 놓아드린다
대부분 냅킨을 깔고, 그 위에 가지런히 놓는다
혹시나 오염물질이 수저에 묻을까 봐서다
혹시 손에 뭔가 묻었을 때
음식에 이물질이라도 들어갔을 때
음식이 상했을 때
하물며 식재료가 국내산인지 여부까지 따진다

그러나 내 생각 내 마음에
무엇이 묻을까 봐
혹은 오염시킬까 봐
상하기라도 했을까 봐
또는 그것이 국내산인지 외국산인지
걱정되어 냅킨을 까는 경우는 드물다

우리 집에 누군가 들어올까 봐 걱정되어
첨단 자물통을 설치하면서도
내 생각 내 마음엔
아무나 들어와 휘젓고 다녀도
자물통을 채우지조차 않는 것처럼

돼지가 배부른 이유이고
소크라테스가 배고픈 이유다

힘든 사람 도와주는 법

힘내세요, 라고 하지 말자
아무 소리 말고 그냥 끄덕여 주자

잘될 거야, 말하지 말자
얼마라도 그냥 보탤 것 아니라면

밥 잘 챙겨 먹으라고 하지 말자
나도 배고프다, 국밥 한 그릇 같이 먹자고 하자
이왕이면 포장 하나 더 준비해 놓자

넘어진 사람에게 좋게 생각하라 하지 말자
지금이라도 할 수 있는 기회를 제안하고
내가 하고 있는 일이라도
같이 해보자, 하자

응원한다고 하지 말자
응원하면 밀어주든지 당겨주든지 하자

보고 싶다면서 다음에 보자고 하지 말자
어디냐고 묻고 지금 찾아가자

조속히 쾌유하라고 말하지 말자

병원이라도 알아봐 주고 약값이라도 보태자

나중에 도와준다고 하지 말자
만원이라도 손에 쥐어 주자
그 돈이 부끄럽다면
나의 마음은 나를 위한 것이다

기운 차리라고 하지 말고
비타민이라도 한 통 사 주자

아픈 사람에게 위로를 핑계로
자신의 안도감을 맛보려 하지 말자
그것은 죄짓는 일이다
그것은 사랑 아니고 연민이다

관심의 가족사

무관심은 사랑이 죽은 것이고
과관심은 사랑이 비만에 걸린 것이다
관심이 과하면 자유를 모르는 것이고
관심이 많다면 주체적이지 못한 까닭이다

관심을 받으려 하면 구속을 낳고
관심을 무시하면 외로움을 잉태한다
관심의 때를 모르면 열매가 없고
관심의 때를 놓치면 원망이 생긴다

관심을 보여야 할 곳에서 무관심은 무심함이고
관심을 보이지 말아야 할 곳에서 관심은 간섭이다
관심을 밖에서 얻으려는 자는 마음이 가난해지고
관심을 안에서 얻으려는 자는 돈이 가난하다

관심은
오로지 볼 수 있을 만큼이어야 한다
만질 수 있는 만큼의 관심은 구속이고
보이지 않을 만큼의 관심은 외로움이다

내 편이 있는 사람은 외롭지 않다

외로운 것은
혼자라고 느낄 때이다
이 세상에 홀로 선 듯한 느낌이 들 때
외로움은 견뎌내는 일이라는 식의 말은 개소리다

같은 장소에 있지 않아도
혼자가 아닌 사람이 있다
옆에 있지 않아도 든든할 때가 있다
그것은 내 편을 들어 줄 사람이 있을 때이다

무조건 내 편
언제나 내 편
이유 묻지 않고 내 편
좋은 일도 나쁜 일도
내 편을 들어주는 사람
그런 사람을 가진 사람은 외롭지 않다

내 편을 만드는 법은 간단하다
내가 누군가의 편을 들어주는 것이다
네 편이 내 편이 되는 것이다
내 편은 그저 편을 들어 줄 뿐이다

남의 편을 나쁘다고 하면 가짜다
남의 편도 또 누군가의 편일 것이기에 그렇다

'그래도'라는 섬

김승희 시인이 「그래도라는 섬」에서 말했다
"가장 낮은 곳에
젖은 낙엽보다 더 낮은 곳에
그래도라는 섬이 있다.
그래도 살아가는 사람들
그래도 사랑의 불을 꺼뜨리지 않는 사람들
세상에서 가장 아름다운 섬, 그래도."

몇 줄 추가하는 건방을 떨어본다
그래도 건강하지 않은가
그래도 사랑하는 사람이 있지 않은가
그래도 가족이지 않은가
그래도 한때는 사랑하지 않았던가
그래도 한때는 웃음을 주지 않았던가
그래도 지금까지 함께해주지 않았던가
그래도 나한테라도 기댈 수 있으니 다행 아닌가
그래도 이만하기 다행이지 않은가
그래도 아직 열두 척의 배가 남아 있다 하지 않던가

'그래도'는 차 타고 몇 시간 가야 하는 섬이 아니라
마음만 먹으면 언제든 갈 수 있는 섬이다
비교하지 말라고 해도 어쩌는가

이렇게라도 하지 않으면

숨을 못 쉴 만큼 답답할 때는

그래도라는 섬에 가자

생각을
바꾼다 해도
마음을
바꿀 수는 없다.

마음은
숨길 수 없기
때문이다.

5부 - 心

몸을
다치는 사람보다

마음을
다친 사람이
더 많은 세상이다.

감정은 살아 있음의 증거다.
행동한다는 것은
감정의 결과다.

감수성이 높아야 할지
감정에 둔감해야 할지 모른다.
감수성이라 하고
더러는 둔감력이라 한다.
둔감에 힘 력力 자를 붙인다.

어찌해야 하는가?
힘을 길러야 하는가?

위장 사회

우리는 꾸물거림을 신중이라 위장한다
선택의 결단 없음을 심사숙고로 위장하고
열등함을 겸손으로 위장한다
자신감을 성격으로 위장한다

지적 허함을 명품으로 위장하고
성숙의 부재를 여행으로 위장한다
간섭을 사랑으로 위장하고
가난을 재수 없음으로 위장하고

실패를 환경으로 위장하고
성취를 자신만의 것이라 위장하고
슬픔을 기쁨으로 위장하고
노여움을 인내심으로 위장한다

견딜 수 없는 고통을 도전으로 위장하고
외로움을 신의 탓으로 위장한다
다른 이의 고통에서 생기는 안도감을 행복으로 위장한다

나는 너무 많은 위장에 파묻혔고
포장의 무게를 감당하지 못한다

택배를 받으면 포장지를 버리듯
아무것도 아닌 듯 벗어버리자

자기 연민

연민은
누군가의 슬픔에 기생한다
때문에 누군가의 아픔이 있을 때 작동된다
누군가의 슬픔 속에서 자신의 존재감을 찾는다

내가 실패했을 때
내가 낙방했을 때
내가 실연했을 때
누군가의 동정과 위로는
연민을 건네는 사람의 존재감을 확인시켜 줄 뿐이다

더 큰 문제는 자기 연민이다
스스로의 슬픔에서 아픔에서
자신을 불쌍하게 여기는 일은 치명적이다

청승 떨지 말자
징징거리지 말자

힘들어도 입술을 깨물고
눈물을 닦지 말고 씹어 삼켜야 한다
그 눈물을 먹고 나면 힘이 생길 것이다

어차피 내 문제고 내 인생이다
내가 해결할 수밖에 없다

남 탓을 해보자 가끔은

결과가 실망스러울 때
세상은 말한다

실망하지 마라
원인을 분석해 봐라
그렇다고 포기하지 마라
남 탓하지 마라
노력하지 않고 결과만 바란 것은 아닌가
참 많은 말들을 듣게 된다

결과가 좋지 않아 속상하고 화가 나는데
이런 소리까지 듣고 나면
힘이 나기는커녕 짜증이 가중된다
이럴 땐
내 탓 말고
남 탓을 해보면 어떨까?

좋지 않은 결과도 무겁고 힘든데
어차피 그 결과에 대한 몫도 내 몫인데
아무리 부인해도 누가 대신 져줄 것도 아닌데
그나마 남아있는 내 자존심까지
소진시키지 말아야 한다

그러기에 가끔 남 탓도 하자
그래야 자기 연민으로 빠져들지 않고 버틸 수 있다

눈물 흘릴 힘은 남겨두자
소리 지를 힘은 간직하자
벌떡 일어나 국밥 한 그릇 말아먹을 힘은 아껴두자
그리고 한 마디 '시옷' 자 들어간 욕도 해보자
썩은 기운을 뱉어내야 새로운 숨이 들어온다

돈 안 드는 남 탓
그것조차 안 하면
그게 사람이냐

다만 한 가지
그 남 탓을 원망으로 미움으로
분노와 화로 가져가지 않으려면
나를 완전 방전 상태로 두는 일은
하지 말아야 한다
그러니
밥 굶고 술 채우는 일은 하지 말자

실망하지 않는 법

실망은 기대에서 온다
패배감은 높은 목표에서 온다
기대나 목표는 비교에서 온다
비교하지 말라고 하지만 현실적이지 않다

실망하지 않는 방법은
사람은 누구나 대단한 존재가 아니라고 생각하는 것
사람은 누구나 이성적이지도 않다는 것

기대하지 않았다면
나는 늘 괜찮은 사람이다
나는 늘 문제없는 사람이다
나는 늘 그래도 되는 사람이다

내가 대단한 존재라는 것은
내가 대단한 존재가 아님을
아는 것이 대단하다는 것이다
그래야 가볍다

군인이 목숨을 걸고 전쟁을 해도
25킬로그램을 넘기지 않게 군장을 멘다
사자는 군장을 메고 사냥에 나서지 않는다

가끔은 감당하기 어려울 만큼의 기대보다
그냥에 힘이 나는 이유다
그냥은 '아니면 말고'이다

친절의 낭비

친절을 낭비하지 말자
'누구에게나 친절하면
소중한 사람에게 베풀 친절이
소진된다'는 쇼펜하우어의 말에 공감하자

더 큰 문제는
자신에게 친절하지 못하게 된다
사람의 원래 모습은 다정이라 하지 않던가
사람 잃을까봐 친절을 다 주고 나면
정작 나를 잃어버리는 이유다

"토닥토닥"
"이만하면 됐지."
"대단한데."
"제법이야."

친절과 다정
나에게 먼저 쓰자
흡사 좋은 것부터 먹어야 하는 것처럼

슬픔의 족보

슬픔이 기쁨의 아비다
고통이 환희의 어미다
외로움이 사랑을 낳았다

가난이 도전을 낳았고
열등함이 성장을 낳았다
실패가 성공을 낳았고
분노가 치열함을 잉태하여 웃음을 낳았다

슬픔이 때때로 우리를 찾는 것은
기쁨을 임신시켰기 때문이다
참을 수 없을 만큼 아프고 힘든 날들은
환희가 태어나는 산통이다

가난이 나의 꿈을 키우고
열등함이 나의 욕망을 자극한다
살다가 슬픔과 고통이 찾아오거든
기쁨과 성공이 찾아오는 신호임을 기억하자

살다가 좌절과 분노의 슬픔이 찾아오거든
신이 보내는 탄생의 신호임을 기억하자

백성 민民 자에 대한 생각

언제부터인가 나는 백성 민民 자를 좋아하지 않는다
이 글자가 고대 전쟁 포로들에게서 노동력을 유지하면서도
반란을 일으킬 수 있는 전투력을 빼앗기 위해
포로들의 한쪽 눈을 인두로 실명케 한 후 허리를 묶어
끌고 가는 모습을 형상화한 글자라는 글을 읽은 후부터다

정치인들이 '존경하는 국민 여러분'이라고 하면 유쾌하지 않다
지금도 대중들의 한쪽 눈을 가리는 일은 계속되고 있다
교육과 언론 혹은 SNS를 통해 두 눈으로 보지 못하게 한다
바쁘게 만들어서 다른 것 볼 틈을 주지 않는다

두 눈으로 보면, 사실을 알게 되면 누구나 전투력이 생긴다
한쪽 눈으로는 전투를 할 수 없으나 노동은 가능하다
전투력은 없고 노동력만 있는 순종형 인간만 필요하다
현대에도 백성 민民 자에 담긴 설움은 여전히 진행 중이다

두 눈으로 세상을 봐야 한다
두 눈으로 보면 삶에 전투력이 생겨난다

두 눈 뜨고 살면 주인이고
한쪽 눈으로만 보면 머슴이고
두 눈 감고 살면 비겁이다

신의 기도에 대한 응답 방식

힘을 달라고 기도했더니
하나님은 저를 강하게 만들 시련을 주셨습니다

지혜를 달라고 기도했더니
하나님은 해결해야 할 문제들을 주셨습니다

용기를 달라고 기도했더니
하나님은 극복해야 할 위험을 주셨습니다

사랑하게 해달라 기도했더니
하나님은 도움이 필요한 사람을 보내주셨습니다

제 기도들은 응답받았습니다
- 영화 『Frank & God』 대사 중에서

신의 응답 방식은 고기를 주지 않고
고기 잡는 방법을 주신다
결과를 주지 않고 훈련을 시킨다

목적지에 도착시켜 주는 것이 아니라
걸어가야 할 길을 알려 주신다

돈을 달라고 하면
두드려야 할 그릇을 주시고
명예를 달라고 하면
어둠 속에서 견디는 훈련을 시키고

권력을 달라고 하면
치욕을 견디는 과정을 주시고

우월적 지위를 달라고 하면
외로움을 주시고

건강을 달라고 하면
그 건강으로 할 일을 물으신다

결과를 달라고 하면 기복이다
견뎌낼 수 있는 힘을 달라고 하자

그제야 신은 응답하신다

삶의 공식

공식을 모르면
수학 문제는 풀 수 없다

공식을 모르면
삶에는 문제가 생겨난다

삶 = 즐거움 × 괴로움
    어느 것 하나 값이 0이면
    삶의 값도 0이다
    두 가지는 동반하는 것
    어떤 경우에도
    하나를 없애거나
    그것만을 100으로 할 수 없다

행복 = 좋은 느낌 + 나쁜 느낌 = 100
    좋은 느낌 100을 말하는 것이 아니라
    좋은 느낌이 51 이상이면 행복
    행복총량의 법칙
    : 좋은 느낌과 나쁜 느낌의 총량은 같다
    좋은 느낌 값이 100을 행복이라 한다면
    평생 감사할 수 없다는 말이다

사랑 = 좋은 점 + 나쁜 점
   = ~때문에 + ~함에도 불구하고

부자 = 노동수입 < 자산수입
   자산수입이
   노동수입보다 많아지는 시점부터 부자다

건강 = 아프지 않은 것을 말한다
    더 뛰어난 상태를 말하는 것이 아니다

감사 = 좋은 일이 생겼을 때 하는 것이 아니라
    평상일상을 감사하는 것이다

진리 값, 선함의 크기, 아름다움 값의 크기를
키우며 살지만
미美) 선善) 진眞의 크기로 평가받는다
그래서 아름다움을 추구하는 예능인이
선함을 추구하는 종교인보다
진리를 추구하는 교수보다
돈을 더 잘 번다

삶의 공식 2

신념 = 관념 + 경험

신념은 지식으로 규정된 것을 학습한 관념과

내가 삶에서 경험을 통해 체득한 것으로 만들어진다

맹목 = 신념 − 경험

때문에 경험 없는 신념은 맹목이다

즉, 관념만 가진 사람들은 맹목적이어서 위험하다

공허 = 신념 − 관념

반대로 관념 없는 신념은 공허하다

경험만으로 신념을 가지면 어딘가 천박하다

확신 = 신념 + 행동

행동으로 연결되는 신념은 확신이다

관념이나 경험, 둘 중 하나만으로 생겨난 신념은 위험하다

이때 잘 모르는 사람이 용감해지는 일이 발생하기 때문이다

신념 가득한 사람을 만나거든

행동을 확인해 봐야 하는 이유다

공정과 공평

최재천 교수는 "공정 = 공평 + 양심"이라 한다
여건과 환경과 무관하게 기회를 똑같이 주는 것이 공평이다
공평했으니 그 결과에 대해서는 인정하자는 논리다

공평은 가능할까?
키 작은 사람과 키 큰 사람이 농구 게임을 한다
동일한 규칙을 적용했으니 공평한 것이다
그러나 공정한 것은 아니다

인정하자
우리가 사는 세상은 공정하지 않다
양심 값을 제로로 가져가도 문제가 되지 않고
오히려 인정받는 분위기 때문이다
분위기는 여론이다
이것은 결과적으로 목사가 기자에게 진 것이다
스님이 기자에게 굴복한 것이다

양심 값을 높인 사람을 더 높게 더 크게 알려야 한다
양심 값을 구별해 내지 못하는 사회에서 공정을 기대할 수 없다
더더욱 양심을 어긴 결과의 부스러기에 맛 들인
법 기술자 위세가 하늘을 찌른다

심판이 '불공평'마저도 '공평'으로 둔갑시킨다
실력 없는 정치는 100마일 속도의 문제를
1마일짜리 법에 의존한다

결국 양심이 관건이다
설혹 손해를 보고 줄 세우기에 뒤처진다 해도
내 양심이 기쁜 일이면 되었다는 각오가 필요하다
그 과정에서 상처받지 말자

최소한 신에 대한 믿음은 가지고 살아보자
당분간 아니 어쩌면 앞으로도
그들의 비양심적 횡포는 계속될 듯하다
왜, 그 맛을 누구인들 잊을 수 있겠는가?

그러니 때로는
그러려니 하자
그러려니 하다 보면
그러려니 하게 된다

순진과 순수

순진한 것은
무지한 것이다

아이들이 순진하면 당연하지만
어른이 순진하면 어딘가 부족한 것이다

맑은 물에 먹 한 방울을 떨어뜨리면
오염되는 물은 순수한 것이다
먼지나 때가 묻지 않은 상태다

순수는
알면서도 맑은 것이다

더러운 물이 담긴 유리잔에서
유리잔은 순수한 것이다
순수한 사람을 통해 보면
더러움이 보인다

올곧은 것이고
치우침이 없는 것이
순수한 것이다

먼지나 때가 묻어 있어도
털어낸 상태다
현명하고 성숙한 것이다

순진한 사람이
의사결정에 참여하면
상처를 받는다

순수한 사람은
누군가가
마음대로 할 수 없다

우리 사회는
순진한 사람의 문제다

순진해야 할 아이들을 보면
어떻게든 그 순수성을 없애려 든다
순진한 아이들의 수가 갈수록 줄어든다

반면 순수한 사람은 없고
순진성을 잃어버린
먹물이 되어버린
자신의 모습을
우기는 사람이 많아진다

순수성을 잃어버린 정도를
평가우위 요소로 삼은 때문이다
그런 사람들이 모여 있는 곳은
늘 시끄럽다

기다림의 증거

사랑을 한다는 것은 사랑을 기다렸다는 증거다
행복을 느낀다는 것은 행복을 기다렸다는 증거다

희망이 생겼다는 것도 희망을 기다렸기 때문이다
이별을 예감하는 것은 이별을 기다렸기 때문이다

불행도 절망도 내 마음속에 있는 모든 것은
다 기다림이라는 한 켠의 공간 때문이다

나는 지금 무엇을 기다리는가

느낌은 기다림의 증거다
느낌에 둔감한 것은
무엇인가를 기다리지 않아서이다
배가 고프면 예민해지듯
기다림은 결핍이 낳은 것이다

행복을 기다린 사람은
자그마한 기쁨의 이유도 놓치지 않는다

곁에 있어도
느끼지 못할 때가 가장 슬프고

멀리 있어도

느끼는 이는 언제나 기쁘다

욕심

우리 신체 중에
머릿속 생각만 욕심을 내고
가슴속 마음만 욕심을 내는 줄 알았다

다른 것은
다 욕심이 없는 줄 알았다

살아보니
귀도 욕심을 낸다
좋은 소리만 들으려 하고
듣기 싫은 소리는 역겨워한다

입도 욕심을 낸다
그래서 허풍을 떤다

피부마저 욕심을 내어
크림을 바르지 않으면 짜증을 낸다

눈도 욕심을 내어 좋은 것만 보려 하고
싫은 것은 보지도 않으려 투정을 부린다

덩달아 손도 욕심을 부린다

내려놓을 줄 모르고
다리도 욕심을 내니
걷지 않으려 한다

머리부터 발끝까지
가득가득 욕심쟁이다

욕심은
버릴 수 있는 것이 아니다
욕심의 방향을
틀어야 할 일인가 싶다

꿈과 가치
그리고 더 많이 느끼는 것에도
욕심을 내볼 일이다

먹는 것에 너무 많은 시간을 쓰지 말아야 한다

돈 벌어서 곡식 사고
곡식이 음식 되는 순간
삶은 완성되고 반복된다
시지포스 바위 굴리기는
그때부터 시작이다

더 좋은 걸 먹자 함은 욕망이고
같이 먹고자 함은 사랑이고
무엇을 먹을까 고민하는 건 희망이다

입과 항문만 존재 의미를 가진다
그 외의 모든 것은 보조다

먹기 위해 사는 건 아니라고
소리 질러 부정해도
그것을 빼고는 달리 설명할 수도 없다

김훈 작가는 말한다
밥 속에는 낚시 바늘이 들어 있다고
그 낚시 바늘에 당기는 방향으로 움직여야
그 다음에도 밥을 얻을 수 있다고

먹기 위해 사는 건 아니라느니
돈이 행복의 전부는 아니라느니
이 따위 질문에
삼십 년을 허비하는 건 시간 낭비다

먹고사는 것만큼은
빨리 끝내버려야 한다

돈 버는 일을
아무렇지 않게 말하지 말고
하는 것처럼
해버려야 한다

돈이 인생의 전부가 아니라는 말은
돈으로 고통받지 않는 사람만
할 수 있는 말이다

시간의 노예가 되는 이유는
시간을 사지 않고
팔기 때문이다

정서적 비만 상태

음식을 구걸하는 것만 거지는 아니다
감정을 구걸하는 것도 거지다

어려서부터 정서적 비만 상태로 성장하면
의존적, 폐쇄적 감정 구걸 상태를 만든다
경험을 넘어 생각과 감정마저 대신해 주는 사회다
느낌마저도 대신해 주겠다고 한다

위로 없이는 못 견뎌 하고
인정 없으면 참지 못하고
자신이 주인공이 아니면 불공정이고
내 편이 아니면 모두가 적이 되는

정서적 의존 상태와 구걸 행위는
배려와 애착이란 모습으로
어느 틈에 둥지를 튼다
적절한 좌절을 대신해 주는 것은 사랑 아니다

좌절을 적절히 겪지 않으면
정서적 비만에 걸려
뭔가를 계속 먹어야 한다

펜에게서 배운다

유일하게
내 마음대로 되는 것 하나가 있다

내동댕이치고
회전시켜 어지럽혀도
할 일 다 하면
과감히 아니라고 말하는 것

뻣뻣한데도
온전히 자신을 맡기는 것

오랫동안 관심 주지 않으면
써지지 않도록
투정을 부릴 줄 아는 것

애써 외우지 않아도
술술 써 내려가는 것

누르면 나오고
끄면 들어가는 것

큰일에 가담하고도

평생 비밀을 지킬 줄 아는 것

약속이니 신용이니 하는 말을
가능하게 해주는 것

오십이 넘도록
펜을 붙들고 살았건만
오늘에서야 다르게 보이는 것은
잉크가 다 된 펜이 남긴 희미한 선이
점이 되고 나서이다

펜은 잉크가 다 되어간다고
안타까워하지 않는다

펜처럼
살 일이다

알아도 모른 척
선이 점 되어
흔적 없이 사라져도
미련 없이 떠나는
펜처럼
살 일이다

노트 리더십

한 번도
NO노하지 않고
트집 잡지 않는 것

늘 빈 공간에 대한 채움의 설렘을 주는 것
늘 잠시 멈칫하게 하는 것

마음을 시각화해 주던 곳
내가 나를 만나는 공간이었던 곳

글이 아닌 그림을 그려도 한 마디 불평 없는 것
무슨 색을 쓴다고 화내지 않는 것

책보다 무시당해도 속상해하지 않는 것
볼펜 침으로 찌르고 똥을 닦아도 기분 좋게 받아주는 것

가끔은 찢어버려도 괜찮다고 말하는 것
쓰여진 내용을 떠벌리지도 않고
적힌 내용을 여러 번 들여다봐도 화내지 않는 것

내 기억의 한계를 말없이 보완해 주는 것
내 휘발되는 감정마저 온전히 간직해 주는 것

한 번도

NO노하지 않고

트집 잡지 않는 것

트집 잡으려 노력하는 이에게는

필요 없는 것이 노트다

나쁜 것과 어리석은 것

남을 속이면 나쁜 것
나를 속이면 어리석은 것

남을 해치면 나쁜 것
나를 해치면 어리석은 것

남을 미워하면 나쁜 것
나를 미워하면 어리석은 것

나쁜 것보다 더 나쁜 것은
어리석음을 모르는 것

에라스무스가
어리석음을 아는 우신을 예찬한 이유다

죄악보다 어리석음이 나쁜 이유는
반복되기 때문이다

참는 것에 대한 생각

참는 것을
배려라 하고
인내라고도 하고
참으면 복 받는다고도 한다

참는 것을
바보라 하고
미련하다고 하고
무시 받는다고도 한다

참으면 성인이라고도 한다
'참을 인' 자는
성인도 되게 하고
바보도 되게 한다
도대체 알 수가 없다

참을 때와
참지 말아야 할 때를
구별 못하니
바보다

무조건 참는 것은

바보짓이다
매사에 참지 못하는 것은
더 미친 짓이다

참지 말아야 할 때
참는 것도
바보짓이다

힘이 없어 참는 것은
비굴함이다

힘이 없으나 참지 못해
물리력을 쓰면
어리석은 짓이다

힘이 있음에도 참는 것이
성인들의 방식이다

실망 관리법

내가 준 것이 아니라면
그것은 내 책임이 아니다

실망을 한 것이라면
실망한 사람의 몫이다

만약 내가 받은 실망이라면
그것은 내 것이다

내 것은 내 맘대로다
버리면 될 일이다

누군가가 준 실망이라면
그 또한
버리면 될 일이다

실망이 딱 그렇다

베풂과 나눔

신이 하는 일이 베풂인데
사람이 하면 교만이다
반대편 손이 모르게 하라는 것을
알게 하는 것도 교만이다

베풂이 훈장이 되는 순간
베풂에 베인 상처가 온 세상에 피를 뿌린다
가진 것을 내 것이라 하는 자가 베푼다
베풂이 누군가의 마음을 베고 있다

나누어야 한다
내 것 아니니 나누는 것이다
나누는 자는 뻣뻣하지 않다

헐벗은 자에게 옷을 주어
그 마음에 상처를 내지 말아야 한다는
간디의 말
그것이 옳다

나눔은 나노테크여야 한다

회비 쓰다 남은 것
불우이웃 돕기 하자고
어느 연말에 동정심 발동이 되어
소년가장 수소문해 전달하는 날
카메라 들고 의기양양 찾아갔는데

"이 딴 것 필요 없어요" 한 마디에
나눔은 나노테크여야 함을 알게 되었다

천만분의 일 오차만 생겨도
상처가 나고 환불도 안 되니
첨단기술이어야 한다

주는 것은 애초에 내 것 아니었으니
표시 나게 하지 말고
준 것은 이미 내 것 아니니
주고 난 후 간섭하지 말 일이다

한 손 모르게 하라는 의미가
이렇게 깊을 줄 몰랐다

모르게 하려면

보이지 않게 해야 하고
소리 나지 않게 해야 한다

사형수와 대화한 적이 있다
고아원에서 자란 그는
무슨 날 라면 몇 상자
들고 와서 자신들 세워놓고
사진 찍고 가는 사람을
죽이고 싶었다고 했다

나는 식은땀이 났다
왜 그러냐고 했더니
자신이 선함을 자랑하는데
자신을 이용했다는 것이다

나눔운동체험본부를 만들게 된 동기다
어느새 우리 사회에 베품은 훈장이 되었고
그 훈장을 빛나게 하기 위해
누군가는 상처를 받고 있다

나눔은 인간이 할 수 없는 기술이다
그래서 나누는 자는 신이다

겸손은 노예의 덕목

겸손해라 한다
잘 안 된다
비굴함과 겸손을 구분할 수 없어서다

스스로 굽힌 것만 겸손이다
굽히지 않아도 되는 상황에서
굽히는 것만 겸손이다

굽힐 것도 없는
내려놓을 것도 없는 이의 낮춤과 내려놓음은
비굴함일 뿐이었다
그래서 겸손은 노예의 덕목이다

가지지 못한 것에는 겸손하지 말자
이미 가지고 있거든 겸손하자
우리는 꿈에서조차 겸손하려 한다

모든 것에 겸손할 필요는 없다
겸손은 가진 자가 해야 할 일
아직 가진 것이 없거든
겸손보다 차라리 교만이 낫다

생각과 감정의 정체

감정이 곧 나라고 생각한다
그런데 '희로애락'이라는 감정은 내가 아니다

슬플 때는 슬픔이 나의 전부라고 생각한다
그렇다면 슬픔이 사라지면 나도 사라져야 한다
그런데 그렇지 않다
슬픔이 사라져도 나는 여전히 존재한다

뭔가를 생각하는 순간 현재는 사라진다
생각하는 순간 내 앞에 사람이 보이지 않는다
생각하는 것을 알아채는 순간 생각은 멈춘다
생각 중에는 생각을 인지하지 못한다

생각은 내가 아니다
생각은 외부 자극에 의해 일어난다
내가 통제할 수 없는데 내 것이라고 생각하고 산다
슬픈 감정이 들었다고 해서 내가 슬픈 것은 아니다
잠시 머물다 갈 손님이다
그러니 내 인생 전체가 슬퍼질 것으로 생각지 말자

생각도 마찬가지다
새라는 단어를 모르는 아이는 관찰을 하는데

새라는 단어를 배우면 새라고 말하고 만다

다만 어느 것도 홀로 존재하지 못한다
내가 무대에 서 있다면 여러분은 강사만 보이지만
사실 딛고 있는 땅과 공기 등으로 연결돼 있다

연결된 어떤 것을 바꾸면
생각과 감정도 바뀐다
장소를, 만나는 사람을 바꿔보자
듣는 음악을, 먹는 음식을 바꿔보자

언젠가 강의에서 들은
생각과 감정을 통제하는 방법이다

늙음과 낡음의 체크리스트

고령화를 걱정한다
너 늙어 봤냐
나 젊어 봤다고 한다

해결책 하나는
신체적 연령 기준을 상향하는 것
또 하나는 정신적 연령을 낮추는 것이다

믿음이 있으면 젊음
의심이 있으면 늙음
희망이 있으면 젊음
절망이 있으면 늙음
자신감이 들면 젊음
두려움이 들면 늙음
세월은 피부에 주름을
열정은 영혼에 주름을 낸다

내일을 말하면 젊음
어제를 말하면 늙음

물리적 고령화보다 더 걱정은
정신적 고령화를 걱정한다

육체적으로 늙어가는 것이
안타까운 것이 아니라
내가 가진 생각이 낡아갈까 봐
슬프다

늙지 않으려 말고
낡지 않으려 해야 한다

6부 - 孤

자기경영의 길은
외로움을 동반한다.

결국 자기경영은
외로움에 대한
태도의 문제다.

아름다움은
가슴앓이했던 것들의
흔적이다.

고독을 견뎌내는 힘이
있어야 한다.

괴로움보다는
외로움이 낫다.

외로운 어느 날

벌판에 홀로 선 듯한 날이 있다
외로움은 무서움을 동반한다
말 안 통하는 날짐승들과 싸워 이길 자신이 없다
외로움이 두려운 것은 무서움 때문이다

외로워서 운다고 한다면 가짜다
혼자 우는 아이가 외로워서 우는 것이 아니다
어머니 뱃속에서 열 달간 울지 않은 것은 무섭지 않아서이다

외로움은 무서움과 맞닥뜨리는 것이다
죽음을 목전에 둔 상태
그때서야 외롭다

아무리 소리를 질러도
도움 받을 것을 기대할 수 없을 때
그때가 외로운 것이다

한 번씩 그 외로움을 만나고 싶다
그러고 나면 외로움으로 위장된 호사스런 감정 같은 건
코웃음 한 번에 날려버릴 수 있을 테니까

눈은 떨어지면서도 꿈을 꾼다

눈비는 온다고 한다
언젠가 갔었기에 온다고 하는 것이다
눈은 내려올 때만 인정받는다

양지바른 곳에 내린 눈은
이내 햇볕에 녹아버린다

다니기 좋은 곳에 내린 눈은
누군가에게 밟히고
얼음이 되어 누군가를 자빠트린다

응달에 내린 눈은 녹지 못하고
녹은 눈은 흙탕물에 범벅이 된다

공터에 내린 눈은
개구장이 손에 눈사람 되고
지팡이 잡은 노인도 동심이 된다

보리밭에 내린 눈은
찬바람에 보리 싹을 안아주는 솜털이 되고

계곡에 내린 눈은

땅속 생명 움틀 때까지 기다리다가
졸졸 시냇물 되어 산천을 적신다

눈이 내리는 날이면
눈들은 내려앉을 곳을 정하려 아우성이다

눈은 하늘에서 내려오는 날
눈들은 떨어지면서도 꿈을 꾼다

꿈꾸지 않은 눈은
아무 곳에나 떨어진다

내가 지금 떨어지고 있다면
지금 꿈을 꿔야 하는 이유다
그렇지 않으면
아무 곳에나 떨어질지 모른다

아무 곳에나 떨어지면 추락이고
원하는 곳에 떨어지면 낙하다

슬픔은 아픔을 모른다

웃고 있다고 기쁜 건 아닐 수 있듯
눈물이 난다고 슬픈 건 아니다
슬픔은 아픔을 모르는 이유다

흐르는 눈물은
떨어지는 눈물을 알지 못한다
이어지지 못하는 눈물의 추락은
어떻게 해볼 수조차 없이 아픈 것이다
가슴을 후벼 파는 아픔은 소리가 나지 않는다
한 마디 말하지 않아도 입술이 타들어 가는
아픔은 결국 핏빛 눈물을 놓치고 만다

참고 참아 고였다 넘칠 때는
막걸리 통 술 따르듯
꺼억 꺼억 숨넘어가는 소리가 난다
슬픔은 아픔을 모른다
흘리고 쏟아버리는 것이 슬픔이라면
깊게 파여 버려 채워지지 않을 때 아프다

아파야 한다
그래야 시작할 수 있다

슬픔만으로는

아무것도 할 수 없다

피 냄새 나는 글

시에서는 피 냄새가 나야 한다
그것이 저항의 피든 생명의 피든
투쟁이나 처절한 고뇌의 피든
혹은 사랑, 이별의 피든

시에서는 피 냄새가 나야 한다
내가 쓴 글에서는 물비린내만 난다
편한 것이다
남을 위해 분노해 보지 못한
나약하고 비겁한 자의 글이기 때문이다

내장에 기름기가 차오를 때
명품이 눈에 보이고
슬픔을 웃음으로 위장하는 음악에 찌들어 갈 때
흙을 파먹다 죽어가는 아이의 울음 따위는 들리지 않는다

이태원 참사로
자식 잃은 이의 통곡이
구천을 돌아 메아리가 되건만
나는 오늘도 배 깔고 누워
몇 글자 썩은 지식을 눈과 귀에 쑤셔 넣는다

먹고 싸는 것이 아닌
모든 것은 껍데기라던
어느 시인의 피 냄새 나는 글처럼

내 글에서도 피 냄새가 나면 좋겠다

단풍을 보면, 떠나보내는 어떤 이의
멈춘 심장이 터진 것이라 말하고 싶다

무덤이, 덤으로 살다가
더 이상 덤이 없는 것이라 쓰고 싶다

나무는 자기를 쪼갠 도끼에도
향을 묻힌다, 라고 쓰고 싶다

외로움

살다가 문득
외로움 찾아왔거든
아무나 함부로 만나지 말아야 한다

그 얼마 만에 찾아온 외로움인가
얼마나 애써서 찾아온 것인가
온전히 즐기고 스스로 채워야 한다

타자의 연민과
타자의 어설픈 위로에
애써 웃고 고마워하는 것으로 채우지 말자

혹여 길들여지면
바닷물 퍼먹고 갈증에 고통스러운
난파선 위의 조난자가 된다

외로움은 스스로 서기 직전에 오는 것
넘어지는 아이에게 찾아오는 성장통 같은 것
누구에게도 대신하게 해선 안 된다

빗물을 눈물이라 말하지 말고
낙엽을 추락이라 하지 않듯이

외로움은 온전히 내 몫으로
받아들이자

멈추지 않으면 정지당한다

멈춤은 스스로 서는 것이고
정지는 강제로 서는 것이다

멈춤은 손해를 감수하면서도 서는 것이고
정지는 통제할 수 없는 손해가 생긴 것이다
멈추지 않으면 정지당한다

멈추게 하는 것들을 고마워해야 할 일이다
정지에 대한 사전 신호이기 때문이다

무엇이 우리를 멈추게 하는 것일까

하늘의 구름 한 조각
우연히 들려오는 새 소리

도로가, 그 소음과 먼지 속에서도 살아 있는 잡초
시장에 구부리고 있는 할머니
아이들의 웃음소리

이것에 내가 멈칫하는 것은
내 속에 그것이 결핍되어 있기 때문이다
멈춤의 신호다

그럴 때는 멈춰야 한다

살면서 겪게 되는
속도가 느려지고 멈추게 되는 일에
고마워하자

그 멈춤의 간극으로
새로운 기회가 들어온다
간극을 허하자

나만의 고집 하나쯤 가지고 살자

"저는 그 음식 안 먹어요."
"이유요?"
"없어요. 그냥 먹기 싫어요."

"저는 그런 색의 옷은 안 입어요."
"이유요?"
"없어요. 그냥 싫어요."

무엇이 되었건
나만의 고집 하나쯤 가지고 살자
그것이 나를 지켜내는 힘이다

NO라고 말할 수 있어야 한다
그것 때문에 외로워질지라도
최소한의 방어력은 마음에도 있어야 한다

나도 모르게 하는 버릇 말고
내가 의식적으로 그렇게 하는 그 어떤 것
그것이 나를 지킨다

저항은 공격이 아니다
방어력은 저항이다

두들겨 맞아도 참아내는
면역과는 다르다

근접할 수 없는 그 어떤 것이고
알아서 조심하게 하는 그 무엇이다

신에게 혹은 제도에 저항할 수 없다면
생활 속에서라도 남들과 다르게 하는
그 무엇 하나쯤 가지고 살아보자

어떤 이익이 와도
혹은 불이익이 생긴다 해도
"저는 그것 하나만큼은 절대 안 합니다."
라는 것 하나쯤 가지고 살자

그 힘이 외로움을 이기게 한다
어느 날부터인가
나를 인정하는 세상을 목격하게 된다

문장 하나가 밥 한 그릇보다 나을 때

산을 오를 때 목표는 정상이지만
시선은 다음 발 내딛을 곳을 봐야 한다

행군을 할 때 고개를 만나면
앞사람 뒷굼치를 보면서 걸어야 한다

사람이 하는 일이 왜 지칠 때가 없겠는가?
우리가 하는 일이 왜 막막하지 않겠는가?

지금 내딛는 한 걸음을 우습게 보지 말자
지금 만나는 한 사람을 소홀히 하지 말자

그것이 쌓여서 산을 이루고
바위를 뚫지 않겠는가?

수적천석 水滴穿石
한 방울의 물이 바위를 뚫는다

적토성산 積土成山
한 줌의 흙이 쌓여 산을 이룬다

우공이산 愚公移山

하루 한 줌의 흙을 날라 산을 옮긴다

호리천리毫釐千里
티끌 하나의 차이가 천리의 차이다

축적의 시간이 Scale up을 만든다
지칠 때마다 기억해 보자

순자는 말씀하셨다.
적토성산積土成山, 풍우흥언風雨興焉
흙이 모여 산을 이루면
비와 바람이 거기서 일어나고

적수성연積水成淵, 교룡생언蛟龍生焉
물이 모여 연못을 이루면
교룡이 거기에 나온다

나는 이 문장 하나가
밥 한 그릇보다 나을 때가 있다

고난에 대한 생각

내가 겪는 지금의 고통은
내가 지은 죄보다는 가볍다

내가 듣는 지금의 비난은
내가 누군가에게 한 비난보다는 작다

내가 받는 지금의 평가는
내가 한 그 어떤 악평보다는 작다

내가 느끼는 지금의 괴로운 마음은
상대가 나로 인해 가졌던 괴로움보다는 작다

내가 겪는 지금까지의 고난의 크기는
내가 겪게 될 행복보다는 작다

내가 본 손실은
내가 그동안 낭비한 것들보다 작다

내가 아픈 시간은
내가 그동안 아프지 않았던 시간보다 작다

한계란?

누군가 그어 놓고
절대로 나오지 말라고 하는 것
누군가가 그어 놓고
극복하라 하는 것
뛰어넘어야 한다고 하는 것

어느 틈에 내가 자초해서 그어 놓고
넘어가면 안 된다고
넘어갈 수 없다고 생각하는 것
열등감이라 하기도 하고
자신감의 출발선이라고도 하는 것

중요한 것은
누군가 일방적으로 그어 놓은 한계에
체력을 소진하면서 마음 다칠 일은 안 해야 한다

한계 없는 이의 핑계가 한계라고도 하던데
말뚝 뽑힌 코끼리가 그 틀을 못 벗어나듯
한계라는 틀 속에 자신을 가두지 말자

고통에 관하여

고통은 고통의 문제가 아니라
고통에 대한 나의 반응의 문제다

고통은 견뎌내야 하는 것이 아니라
견뎌낼 수밖에 없는 것이어야 한다

그 무엇이 고통을 견뎌내게 한다
그 무엇은 바로 희망이고 꿈이다

고통은 괴롭고 아픈 것이 아니라
더 큰 보상에 대한 신의 통고이다
꿈과 희망에 대한 보상의 통고이다

고통을 극복한 사람들의 결과에 기죽지 말자
그들이 그것을 극복한 방법을 보자
전화벨이 울리면 받듯이
고통이 오면 신이 전화를 해서 울리는
신호라 생각하자

신의 장난기는 말을 거꾸로 하는 것이다
고통은 신의 보상에 대한 통고이다

저항의 힘

카뮈는 말했다
저항한다, 고로 살아있다

바람에 저항한 나뭇가지가 깊고 긴 뿌리를 만든다
물살에 저항한 연어가 강물을 거슬러 오른다
햇볕에 저항한 과일이 더 달다

중력에 저항한 사람이 건강하고
시간에 저항한 사람이 늙지 않는다
편리에 저항한 사람이 원칙을 지키고
이해득실에 저항한 사람이 순수하다

다른 이의 시선에 저항한 사람이 멋을 지키고
평판에 저항해야 자기를 지킨다
편법에 저항한 사람이 당당함을 간직하고
거짓에 저항한 사람이 진리를 담는다
빠름에 저항한 사람이 여유를 차지하고
불의에 저항한 사람이 역사를 만든다

삶은 저항의 스토리만을 기억한다
역사는 저항의 흔적만 인정한다

떨리는 목소리로
허공에 나약한 손짓이라도
저항해 보자

난관에 부딪힐 때

포기하고 싶은 벽을 만나고
죽을 것 같은 외로움이 찾아오고
암흑 같은 답답함이 들 때면 한 번씩 이런 말을 해보자

"평생 일어서지도 못할 것 같은 때가 있었잖아."
"글도 모르고 울음으로만 소통할 때가 있었잖아."
"사과나무가 글 한 줄 읽은 적 없잖아."
"받아 든 시험지에 한 줄도 답을 못 쓸 때도 있었잖아."
"그래도 그 모든 걸 겪어냈고 또 아무 문제 없었잖아."

지금 겪고 있는 상황도 지나고 보면
다 그런 것

두려워 말고 겁먹지 말자
도망가거나 돌아가지 말자

눈이 부셔 등을 돌리면
그림자는 내 앞을 비춘다

고독

고독은 나 홀로 서 있는 상태
바위 틈새 뿌리내린 나무가 되는 순간
망망대해 한 마리 새가 되는 시간이다

고독을 즐기고 싶다
관계가 낳은 소음에
때로는 단절로 맞서고 싶다

철저히 혼자일 수 있어야
함께함의 소중함도 알 터
고독은 고통이 아니라 낙樂이다

이별을 불안해하는 것은
찾아올 고독에 대한 불안감이고
내 안의 나를 마주할 자신이 없는 것이다

고독을 못 견디고 착한 사람 증후군에 빠졌던
수많은 지도자들을 기억한다
그들은 총알보다 더 많은 사람을 죽게 했다

잠들지 않은 모습으로
술의 힘을 빌리지 않은 모습으로

누군가를 의식하지 않은 모습으로
완성된 고독을 견뎌야 한다

젊다와 늙다

젊다는 형용사다
늙다는 동사다
'는'자를 붙일 수 있느냐 없느냐로 구별한다고 배웠다

젊다는 상태이고
늙다는 진행형이다

이 순간 우리는 늙어가고 있다
누구나 늙음을 넘어
죽음으로 달려간다

삶은 외로운 일이다
외로움은 몸부림치는 만큼 커진다
외로움은 저항하는 크기만큼 자란다
외로움은 견뎌내는 일이다

홀로 서는 연습이 끝나고 나면
홀로 견디는 연습을 해야 한다

외로움을 견디지 못하고
누군가에게 의존하는 순간
지금까지의 홀로서기는 물거품이 된다

우리는 외로운 이들이다
외로운 이들끼리 키 재기할 일은 아니다

'늙다'가 동사임을 아는 것만으로도
삶에 대한 태도는 이미 결정이 난다

끊임없이 늙어간다
이 순간이 젊음이다
가장 아름다운 형용사로 만들어야 한다

자유롭지 못한 이유

자유自由로운 삶이란
나만의 이유로 사는 삶이다

자유롭지 못한 것은
나만의 이유가 아닌
남의 이유로 살기 때문이다

자유가 없는 것이 아니라
내가 가고 싶은 이유가 없다
바람이 자유롭지만
대기권 안에 있고

구름이 자유롭지만
바람 가는 곳까지이고
물이 자유롭지만
바다까지만이다

어디로 가고 싶은지가 없다면
자유는 없다

자유롭지 못한 이유다

성장통

나이 오십 넘어서 성장통이다
밤마다 성장통이 나를 찾는다

키는 줄어가는데
못다 한 일에 마음은 바빠가고
살은 빠져가는데
내 짐 무게는 늘어만 간다

나이 오십 넘어서 성장통이다
밤마다 성장통이 나를 부른다
의사는 근육이 빠지는 것이라는데
욕망이 빠져나가는 게다

해 놓은 일 없는데
재촉하는 결과에 숨은 가쁘고
서산 넘어가는 해는 미련도 없는데
생각은 비어 가는데
마음만 무거워

어려서 없던 성장통이
오십 넘어서 밤마다 나를 찾는다
나만 그런 것이 아니라

세상이 온통 성장통이다

키를 키울 일이 아니라
비어가는 뼛속을 채울 일이다
허기진 뱃속을 채울 일이 아니라
허해가는 내면을 채울 일이다
그 욕망을 채울 일이다

홀로서기

홀로 설 수 없으니
홀로 서고 싶은 게다

홀로 서고 싶어하니
같이 설 수 있는 것이다

그저 내 할 몫은
홀로 설 마음까지다
온전히 기대지 않는 것은
홀로 서려는 마음 덕이니

서로 기대지 말자
그것이 무엇이든
그래야 설 수 있을 터

둘인 듯
혼자인 듯
살짝살짝 닿기만 하자

그래야 설 수 있고
그것이 사는 길이다

홀로 선다는 것은

결국 같이 선다는 말이다

나를 키운 건

서정주 시인은 자신을 키운 건
팔 할이 바람이라고 했다
이어령 선생님은 자신을 키운 건
팔 할이 물음표라 했다
돌이켜 보면 우리를 키운 건
팔 할이 결핍이다

결핍이 우리를 키운다
결핍이 도전하게 하고
결핍이 소통하게 한다

결핍은 축복이다
결핍은 고통이고 공포다
공포가 행동의 에너지다
결핍은 자초할 일이다
자초하지 않았는데 생겨난 것이라면 더 큰 축복이다

물이 결핍된 나무가 단 열매를 맺고
바위에 뿌리를 내린 나무가 산을 지킨다
서리를 견딘 꽃이 향기가 좋다

결핍을 감사하자

결핍을 보는 순간 초라해지고
결핍을 딛는 순간 튀어오를 수 있다
결핍은 디딤돌이고 용수철이다

참는다는 것

세상은 고통받는 이들에게
자꾸만 견디라 한다
참아야 하는 것과
참아지는 것은 다르다
참아야 할 때가 있고
참지 말아야 할 때도 있다

참아지지 않는 것을 참으면
골병만 남는다
참지 말아야 할 때 참으면
비겁자가 된다
참아지는 것을 찾는 것이
참는 것보다 우선인 이유다

참아야 할 때를 아는 것이 지혜이고
참지 말아야 할 때를 아는 것이 용기이다
인내는 참아지는 것에 해야 한다
참아지지 않는 것은 빨리 포기해야 한다

인내해야 할지 포기해야 할지 고민인가
참아지는 것이면 계속하고
참아지지 않는 것이면 포기하자

내가 하고 싶었던 일은 참아지고
남이 시켜서 하는 일은 참아지지 않는다

고민의 끝

있으니 보이는가
보이니 있는 것인가
행하니 느끼는가
느끼니 행하는가
먹으니 사는가
살려고 먹는가

살 때까지 사는가
죽을 때까지 사는가
답을 찾으라 하는가
답을 만들라 하는가

만날 것인가
헤어질 것인가
길이 없는가
뜻이 없는가
죽을 것인가
살 것인가

고민은 살아있음의 증거다
고민은 죽는 날까지 해야 하는 것

고민하지 말라는 말은
하나마나한 말이다

무용한 것이 유용한 것

굽은 나무가 산을 지킨다
잘 자란 나무는 수명을 다하지 못한다

못난 자식이 부모를 모신다
잘난 자식은 나라에 빼앗기고 일에 빼앗긴다

들판에 핀 꽃이 씨를 뿌린다
비닐하우스에 자란 꽃은 씨 맺기 전 잘린다

가난한 자가 성취를 알고
몸 아픈 자가 감사를 안다

어리숙한 사람이 친구가 많고
말 잘 못하는 이가 경청을 잘한다

특별히 잘하는 것 없는 사람이 칭찬도 잘하고
지킬 것 없는 사람이 마음이 편하다

힘들고 어려움이 닥쳐오거든
유용함이 뒤따라오는 것임을 눈치채자

해결에 대한 생각

해결은 잘 해야 칭찬받는 것
그러나 애쓰지 않아도 그냥 되는 경우가 더 많기도 한 것이다
가끔은 애써서 더 복잡해지기도 하는 것이다

해가 가면 결론 나는 것이기도 하고
그래서 해결하면 한다고 탓하고
안 하면 안 한다고 말하니
그저 내 맘대로 해 보면 결론 나는 것이기도 하다

한 번 의지하면 계속 의지하게 되는 것
가끔은 관심을 목적으로 다가오는 것이다

해결이 필요하다는 것은
문제가 생겼다는 말

할 것과 될 것의 구별이 중요하고
그 기준은 내가 정하고
할 수 있는 일만 하면 되는 것이다

애인

늘 애써야 하는 사람
그러함에도가 아닌
그러해야 하는 사람

떠날 가능성이 있어서
늘 애쓰이는 사람

언제든 떠날 수 있을 것 같을 때
애인의 기간은 길어진다

떠남은 스스로 설 수 있는 자의 특권
떠날 것 같은 삶은 모두에게 애인이 된다

스스로 서야 하는 이유다

누군가에게 애인이 되려는 자는
떠날 수 있어야 하고
떠나려면 스스로 설 수 있어야 한다

내가 하는 일
내가 속한 조직
내가 사랑하는 가족마저도

홀로 설 수 있을 때
더 오랫동안 애인이 된다

그리움

머리에 떠오르는 데
정작 가슴이 아리면 그리움이다
머리를 흔들수록
깊숙하게 파고드는 것이 그리움이다
폐 가득 공기를 들이쉬고 뱉어보아도
건더기처럼 남은 것이 그리움이다

그리움은
그저 미친 듯 찾아가 보는 것 말고는
밤길 걸어서라도 만나
울음으로 쏟아버리는 것 말고는
지울 수도 떨칠 수도 없는 그런 것이다

그저 만나고
이루어낼 일이다

그리움은 행복의 증거다
그리움 하나쯤 품고 사는 것
짧은 만남으로 소멸치 말자

그리움의 대상이 사랑하는 사람이든
이루지 못하면 한이 될 그 어떤 것이든 상관은 없다

그리움 하나쯤
품고 살자

출산율 높이는 법

석양도
같이 보면
꽃이고

일출도
혼자 보면
외로움이다

일출 후에는 일터로
석양 때는 집으로 가야 하는 이유다

집에 가서 일하지 말아야 한다
오로지 꽃만 봐야 한다

네 잎 행운을 찾자고
세 잎 행복을 짓밟지 말아야 한다

눈부신 태양이
석양에 자리를 비켜줄 때

어둠은 생명을 잉태한다

爲하지 않고
然하게 된 것이
자기경영의
모습이다.

자연은
애쓰지 않는다.
불평도 하지 않는다.
그저 받아들인다.

7부 - 然

그렇다고
노력하지 않는 것은 아니다.

쉼 없이 호흡하고
끝없이 생명의 물을
밀어 올린다.

땅 그 어둠 속에서
끝까지 뿌리 끝을 뻗친다.

때가 되면 꽃을 피우고
열매를 맺는다.
시기를 놓치지 않는다.

애써 책을 읽지 않아도
자연은 늘 지혜를 준다.

사람에게 배운 것보다
책에서 배운 것이 많고
책보다 자연에서 배운 것이
더 많다.

그냥 두라

세상이 내 맘대로 안 될 때
그냥 두라

그것이 먹고 사는 일이 아니거든
애쓰지 마라
하늘이 우는 법 없고
울더라도 소리 내지 않는다
그냥 두라

그것이 죽고 사는 일이 아니거든
용쓰지 마라
전쟁으로 어린아이가 죽어가도
정치인이나 종교지도자마저도 울거나
벌거벗고 총포 앞에 서는 것을 본 적이 없다
그냥 두라

그것이 누군가 억울한 일이 아니거든
마음 쓰지 마라
나뭇잎이 떨어져 정처 없이 날아가도
나무가 우는 법 없다
그냥 두라

그것이 누군가 인생을 바꿀 일 아니거든
신경 쓰지 마라
학교 문턱도 못 가본 강아지도
나이든 노인보다 호사스럽게 사는 것을 모르는가
그냥 두라

그냥 두라는 것이
체념하라는 말이 아니다
그냥 둘 수 있어야
버틸 수 있다

버틸 수 있어야
견딜 수 있고
견딜 수 있어야
기다림을 만날 수 있다

꽃샘추위

새싹이 대지를 간지르고
햇살은 새싹을 재촉하고
내 님은 뭔가로 바쁘시고
바람은 이들을 시샘한다

바람이 꽃을 시샘하는 건
그 향기에
벌이 찾아올 것을
알고 있기 때문이다

내 삶에 찾아온 꽃샘추위는
내 인생에 꽃 피고 나비 날면
외로워질 것을 아는
운명의 시샘이다

혹여 꽃샘추위 오거들랑
시샘하지 말라고 타이르고
그 추위가 험하고 거칠수록
향기가 짙어짐을 기억하자

절대 하지 말아야 할 것 하나는
꽃샘추위 오기 전에

꽃 피우는 조급함은
없어야 한다

구름처럼 살 일이다

편하게 살려면 꽃처럼 살고
자유롭게 살려면 바람처럼 살라는데

꽃은 비교하지 않아서이고
바람은 오고 감에 걸림이 없어서라는데

구름은 바람 없인 오도 가도 못하는 신세
왜 구름처럼 살라 하는가

간신히 건져낸 생각 하나
해 가리고 비 내리고 탓함도 없고
바람도 꽃도 구름 아래 존재하는 것

누군가에게 그늘을 주고
또 어떤 이에게는 물을 주고
바람은 구름을 통해서만 그 존재를 확인받는 것

바람은 구름 없이는
그 존재를 확인받지 못하는 법
그 덕에 바람의 힘을 빌려 어디든 가는 삶

그저 구름처럼 살 일이다

고사목을 보면서

부러지니 아프냐
부러지니 가볍냐

무겁거든 내려라
버겁거든 버려라

수없이 듣고 들어도
그때마다 내일부터
이번 일 끝나면
하며 미뤄오다가

어느 날 광풍에
땅바닥에
내동댕이쳐졌다

그때서야 알았다
뿌리가 깊어도
가지는 부러지는 법이다

뽑히는 것보다 무서운 건
부러지는 것이다
부러지면 뿌리마저 썩게 되는 걸 몰랐다

내가 차마 너를 못 보고 눈 피하는 건
부러진 너에게서 나를 보기 때문이다

이제라도 부는 바람
살갗에 느껴지기를
부러짐으로 가벼워지기를
울면서 응원하는데

가지 부러진 네가
불쌍치 않은 것은
걸치고 움켜쥔 채 떨고 있는 나를
너에게서 보기 때문이다

고사목보다 불쌍한 것은
무성한 나뭇가지가
광풍에 맥없이 부러진 모습이다

가짜 휴식

쉬겠다고 갔는데
다녀오면 더 쉬고 싶은 것
아무것도 안 하겠다고 갔는데
뭔가 계속 하게 되는 것

"얘들아, 조용히 해라.
아빠 주무셔야 일 가신다."
먹고 살기 위한 휴식이 이제는
잘살고 있음을 증명하기 위한
휴식이 되었다
행복한 삶을 증명하기 위해
셔터를 눌러댄다

진짜 휴식을 하고 싶다
무언가 하지 않아도 되는 그런 진짜 휴식
방전 말고 충전되는 휴식
자랑으로 위장된 휴식은 휴식이 아니다

숨이 턱까지 차오르고
땀이 온몸을 적실 때
철퍼덕 땅바닥에 드러누워
하늘을 바라볼 때

비로소 휴식이다

그때는 카메라를 켜지 않는다

단풍에서 배운다

눈에서 나오는 소리가
탄성이라면
몸에서 나는 소리는
신음이다

단풍을 보고
나는 탄성을 지른다
뒹구는 낙엽을 보고
나는 신음을 낸다

보는 눈은
감탄의 탄성을
바닥을 뒹구는 몸은
고통의 신음을 낸다

매달려 바둥거리지 마라
떨어지면 썩을 일이다

한 줄기 의지라도 있을 때
우리는 기꺼이 단풍이 된다

그냥 리더십

그냥 하면 진짜다
애쓰면 가짜다

그냥 보고 싶고
그냥 걷고 싶고
그냥 울고 싶고
그래야 진짜다

그래야 좋으면 좋다 하고
싫으면 싫다 할 수 있다
바람이 그냥 불듯이
구름이 애쓰지 않듯이
그냥 말하고
그냥 느끼고
그리 살아야 진짜다

그냥 하면 진짜다
애쓰면 가짜다

그냥을 무위라 하고
무위無爲가 도道라고도 한다

물은 애쓰지 않고
바람은 그냥 분다

애쓰지 말자

행여 올까 애쓰지 말자
행여 갈까 맘 쓰지 말자
때 되면 오고
때 되면 간다
오고 가고는 내 몫이 아니다

미리 하려 애쓰지 말고
더 잘하려 애쓰지 말자
이러나 저러나 총량은 같다

빨리 가려고 애쓰지 말자
늦을까 맘 쓰지 말자
도착 지점이 다르면 달라지는 것이다

좋은 집 좋은 음식에 애쓰지 말자
남의 시선 남의 평가에 애쓰지 말자
먹는 것 달라도 싸는 것 같은 것임을

그저 애쓰지 말 일이다
애씀은 욕심이다
욕심은 눈을 가린다

보이지 않으니
가져도 보지 못한다

도토리를 줍지 않기로 했다

가을 산행길에 나섰다
금방 떨어진 도토리가 반짝거린다
올해는 도토리를 줍지 않기로 했다

나는 년간 쌀 두 가마니씩
음식물 쓰레기를 뱉어내는
호모사피엔스다

다람쥐에게는 생존 간절한 도토리를
간식도 아닌 소품으로 주워가는 것은
반칙이고 도둑질이다

도토리나무는
건망증 심한 다람쥐 덕분에 생존한다
생존을 방해할 수는 없다

다람쥐처럼 사는 것은
먹거리 양의 문제가 아니라
먹이를 가지는 방법의 문제다

바람의 고민

자유롭겠다
어디든 갈 수 있어서

불안하겠다
어디로 갈지 몰라서

답답하겠다
어디서 온지 몰라서

화나겠다
멈출 수 없어서

걱정이겠다
바위에 부딪힐까봐

바람도
참 고민이 많다

하물며
우리 인생이야

존재의 증거

바람이 있어 꽃이 핀 것이 아니다
꽃이 피고 흔들릴 때 바람은 존재한다

꽃이 지니 열매를 맺는 것이 아니다
꽃이 지니 벌이 날아든 것이다

구름이 있어 비가 온 것이 아니다
비를 통해 구름은 꽃을 만날 수 있었다

누구 덕분에 내가 살아가는 것이 아니다
내가 살아가기에 이 세상은 존재감이 있는 것이다

신의 은총으로 내가 사는 것이 아니라
나를 통해 신은 존재를 확인받은 것이다

너 때문이야 원망보다 더 무서운 것은
나 때문이야 자책하는 것이다

꽃의 리더십

말 한마디 안 하고서도
나비 날고 벌 오게 하는 힘

구구절절 설명하지 않은 채
마음대로 피고 지는
당당한 품격

나비 왔다 떠나도
징징거리지 않는
의연함

다른 꽃 피어도
서두르지 않는
침착함

첩첩 산중 알아주는 이 없어도
아쉽지 않은
도도함

향수로도 안 되는 것을
깊은 계곡 가득히 채우는
넉넉함

향기 때문은 아닌 듯하여 보려 하면

차마 나에게 눈 못 맞추게 하는 너의 당당함

매번 걸음만 재촉한 채

몰래 깊은 들숨만 쉬게 하는 너의 매력

너는 무슨 힘으로

나는 평생 못하는 일을

십여 일 만에 하고 가는가

이슬과 이별

이별이 슬퍼서
밤새 흘린 눈물

알알이 맺혔다가
말 한마디 못 한 채
떨어지는데

목마른 꽃잎이
간신히 받아 내고
안도의 긴 숨을 내쉰다

나뭇잎 사이를 파고드는 햇볕에
올라간다는 말도 없이 떠나버린다

내 아끼던 사람도
너 보는 듯하여
이슬이 비 되어
다시 오는 날 손꼽아 기다린다

이별이 두려운 것은
만남을 모르기 때문

이별에 용감한 자가
홀로 선다

봄비라고 마냥 좋은 건 아니지

봄비가
겨우내 언 땅속 스며들어
생명을 꿈틀거리게 하지만
마냥 좋은 것은 아니다

봄비 치고는 거칠기 때문이다
새싹이나 꽃잎이 맞기엔 아프다
봄비 치고는 요란하다
노래라 하기엔 단조롭다
봄비 치고는 밉다
꽃잎 큰 목련을 떨어뜨린다

굳은 땅을 뚫고 들어가야 하는
네 맘 알지만
그래도 내가 맞기엔 너무 거칠다

우리 사는 것도 그렇다
나 잘되라고
봄비처럼 내리는 말들이지만

때로는 거칠다
때로는 아프고 요란스럽다

때로는 내 자존심을
땅바닥에 떨어뜨린다

바다의 독백

배 없는 바다는
그리움에 서럽다
서러운 눈물에
바다는 짜다

파도는 애꿎은 바위의 뺨을 때리고
때린 바다가 오히려
시퍼렇게 멍이 들었다

바다 없는 배는 뜰 수 없듯이
바다는 배를 통해서만 존재한다

바다를 흔드는 건
바람이라지만
사실은 물에 비친 달님 때문이다

만질 만하면 멀어져 가는
달님 잡으려 천년을 다닌 것을
속도 모르고
파도라 한다

바다는 마음이 넓은 게 아니다

바다는 더 이상 흐를 수 없다
멈춰 선 물이 썩지 않으려
발버둥 치는 절박함이
파도다

절박한 파도는
화가 나 있고

절망한 파도는
배 없는 바다만 지켜본다

그러나 파도는 멈추지 않는다
또다시 바위를 때리고
기꺼이 멍이 든다

주는 것

주는 것은 좋은 것

알아주는 것
불러주는 것
몰래 주는 것
한 개 더 주는 것
조건 없이 주는 것
바래다주는 것
함께 가주는 것
노래 불러주는 것
같은 곳을 봐주는 것
아파해주는 것
껴안아주는 것
즐거워해주는 것
토닥여주는 것
아껴주는 것

그러나 어떤 것보다 으뜸은

낳아주는 것
길러주는 것
가르쳐주는 것

사용해주는 것

필요할 때 있어주는 것

물소리

물은 벙어리로 태어났다
제 어미 아비도 다 벙어리였다
흐르다 걸림돌에 머리를 부딪히고서야
말문이 트였다

그 눈물겨운 물소리에
나는 볼 때마다 위로를 받는다
우리는 기꺼이 옷을 벗고 몸을 담근다

물은 벙어리였다
물은 스스로 소리를 내지 못한다
하늘에서 내리던 날
말을 잃었다
천둥 소리에 귀가 멀었다

돌에 부딪힐 때
비로소 득음을 한다
물이 돌을 미워하지 않는 이유는
자신의 소리를 찾아줬기 때문이다

내가 어딘가 부딪히는 날
나도 말문이 트일런가

물소리 2

물은 디딤돌을 만나서 흐르는 것이 아니다
물은 걸림돌을 만나야 흐른다

걸림돌을 한 바퀴 휘어 감고서야
비로소 바다로 갈 힘을 얻는다
걸림돌에 머리를 부딪쳐야
소리를 내고

그 소리의 힘으로
그 소용돌이의 힘으로
머나먼 바다로 갈 수 있다

매일 만나는 걸림돌이
내일을 살게 하는지 모른다

물이 쉬지 않고
또 다른 걸림돌을
찾아 나서는 이유다

추락하지 말고 낙하해야 하는 이유

오늘 밤
기어코 결판을 낼 모양이다

아직 떠날 곳 못 정한 단풍잎과
잔뜩 냉기 품은 밤바람이 힘을 합쳐
단풍과 기어코 한판 겨룰 모양이다

빨리 떠나라는 신호에도
떠날 날을 미루던 단풍이
냉기까지 가세한 바람에
오늘 밤을 견뎌내지 못할 듯하다

결국 바닥에 내동댕이쳐질 것이고
이리저리 휩쓸리다가
청소부의 빗자루에 쓸려
마대자루에 담긴 채
거름이 되거나
화형을 당할지도 모른다

추락하기 전에
낙하해서 바람을 타야 한다

단풍이 낙엽 되는 날은
신분이 추락하는 날이다

누군가
그 추락한 낙엽을 밟으며
낭만을 이야기하고
자연의 순환을 말하겠지만

낙엽은
울어도 눈물이 없고
바스락거려도
소리가 들리지 않는다

나뭇가지 부여잡은 팔에 힘이 빠지고
팔목이 달달거리다가
콘크리트 바닥에 내동댕이쳐질 것이다

그럴 단풍을 생각하면
오늘 밤
깊은 잠 자기는
틀린 듯하다

추락하지 말고
낙하해야 하는 이유다

무엇인가에 떠밀리지 말고

스스로

목표를 향해

미리 뛰어내려야 한다

곶감으로 살 일이다

넙적넙적한 감
잎 속에 숨었다가
세파 묻은 바람 한 가닥 만나
알몸 드러내고 얼굴 붉히더니

고욤나무 제 아비보다
백 배나 큰 모습으로 커 버린 감

떫은맛 포기하고
서리도 내리기 전 누군가에게
꼭지가 비틀리는
단감이 되기보다는

떫디떫어서
아무도 손 못 대다가
힘에 부쳐 나무에 오르지 못한 촌로가
휘두른 장대에 두들겨 맞고서는
땅바닥에 사정없이 내동댕이쳐진 감

날카로운 칼날에
굳은 상처 도려내고
속살로 찬바람 오롯이 견뎌내다가

분가루 하얗게 뒤집어쓴
곶감이 되고 싶다

도시 살다 온 손주 입속에서
씹혀지다가
툭 하고 뱉은 씨가
마당 한 켠 돌 틈새에 떨어져서도

내년 봄
기꺼이 고욤나무 싹 틔우는
생명 품은
곶감으로 살고 싶다

반달이 좋은 이유

차오르는 건지
야위어가는 건지
나는 알지 못한다

알지 못하니
우쭐댈 것도 기죽을 것도 없다
여유도 있고 조급할 것도 없다

달은
보는 사람 몫이다
뜨고 지는 것은 내 몫이 아니지만
달을 보는 것은 누구도 아닌 내 몫이다

반쪽이 보이지 않으니
있다 할 수 없고
보이지 않는다고
없는 것도 아닌 것

내가 어디서든
자유로운 이유다

과학으로 설명하려 하지 마라

내가 무엇이라 하여도

한 번도 시비하지 않는

반달이 좋다

가끔은 그냥 산다고 하자

왜 사느냐고 묻거든 그냥 산다고 하자
그래야 견딜 수 있다

열심히 살다 가도 왜 사느냐는 질문을 만나면
누구라도 멈칫하게 된다
시험에 길들여진 우리는 정답이 있다는 강박 때문에
질문만 만나면 당황한다

누구는 말한다
신의 영광을 위해서
혹은 신이 부여한 역할과 임무가 있어서 산다고
또는 내가 살다 간 이유를 찾으라고
또는 만들려고 산다고
묘비명이니 꿈이니 하는 이야기의 시작점이다

그러나 소크라테스가 독배를 마시며 죽어가면서도
"모른다" 한 것을 우리 같은 범인이 어찌 알겠는가
어쩌면 알아야 할 이유도 없을지 모른다

내가 태어난 건 내 뜻이 반영된 결과도 아니었다
그냥 주어진 것이다
그러니 살아가는 것도 그냥 사는 것이 답이다

*

그냥 사는 것은 여행하는 것과 닮았다
사진 한 장 찍고 다녀왔다고 자랑하려고 떠나면
그건 관광이다
관광객은 누군가의 의도대로 움직일 수밖에 없고
당연히 보고 듣고 만난 것이 비슷하다

아무 목적 없이 낯선 공간과 시간
그리고 인간을 만나는 것이 여행이다
차를 타지 않아도 시간이 흐르면 공간이 바뀌고
공간이 바뀌면 사람도 바뀐다

우리는 여행을 하는 것이다
여행은 돌아갈 곳이 있는 자가 떠나는 것이다
우리는 죽음이라는 곳으로 언젠가는 돌아간다
그래서 삶은 여행이다

*

그러니 왜 사느냐고 묻거든
기죽지 말고 그냥 산다고 하자
제발 심각해져서 그럴싸한 말을 해야 한다고 생각하지 말자

다만 한 가지

그냥 사는 것과
대충 사는 것은 다르다
내가 즐겁고 남에게도 유익하게 사는 것이 좋지 않겠는가

자꾸만 의미를 부여하려는 건
누군가의 의도에 훈련된 것이다
지금 보람되고 즐거운 일이 있다면 그 일을 하자

그냥 하다 보면
공부도 하고 연애도 하고 돈도 벌고
땀도 흘리게 된다

*

여행 가서 조금 계획이 틀어졌다고
실망하고 싸우고 원망하지 않는다
여행자는 또 다른 것을 만날 수 있다는
기대감이 가득하다 그러니 실망할 일도 없다

또 어딘가로 가면
또 무언가를 만나게 될 것이고
무언가가 생겨날 것이다

*

땀 흘린 자만이 불어오는 바람의 시원함을 안다
가끔은 누군가 왜 사냐고 묻거든 그냥 산다고 하자
애써 설명하지 말자
그들은 어차피 변명이라 한다
그냥이란 단어 하나로
노자 장자는 지금도 살아있다

8부 - 智

지식이
삶에서 녹아진 것이
지혜이다.

지식은 무겁고
지혜는 가볍다.

지식은
땅을 만날 때
지혜가 된다.

지식은 소유하는 것이고
지혜는 행한 것이다.

어리석어야 하는 이유

어리다
그래서 어리석다
그래서 자꾸 묻는다
그래서 알게 되었다

어른이다
그래서 궁금하지 않다
그래서 묻지 않는다
그래서 모르게 되었다

늙었다
그래서 다 안다
그래서 옛것만 가득하다
그래서 다 죽는다

어리석어야 하는 이유다

느끼지 못한다는 것

예쁜 꽃을 보고
사진만 찍은 것은 얼마나 욕심인가
아무 말도 하지 않는 것은
또 얼마나 이기적인가

멋진 산을 보고
가보지 않는 것은 얼마나 게으른 것인가
찾아가서 계곡물에 발을 담그지 않는 것은
또 얼마나 어리석음인가

불어오는 바람에
얼굴을 들이대지 않는 것은 얼마나 슬픈 일인가
그 바람에 입을 벌리고 눈을 감지 않는 것은
또 얼마나 안타까움인가

구름을 여행시키는 바람소리에
박수치며 환호하지 않는 것은 얼마나 각박한 것인가
노래가 생각나지 않는다면
이 또한 얼마나 화날 일인가

사람이 꽃이라는데
나비가 되어 춤추지 않는다면 얼마나 무감각한 것인가

또 감탄사 한마디 없다면
이 얼마나 지혜롭지 못한 것인가

바다 리더십

산보다 깊으면서
표 내지 않는 바다
결국 그 속에 산을 품었고
사납고 거친 강江의 투정을
말없이 받아준 바다
결국 그 속에 강을 품을 수 있었다

바라다 보기만 해서 바다인가
바보 같아서 바다인가
다 받아주어서 바다인가
육지보다 넓으면서
한 번도 더 넓다 티 내지 않는 바다

견디고 견디느라 흘린 땀에
짠물 된 멍든 마음 오죽하련만
그 마음 파도 되어 사나워져도
엉덩이만 찰싹찰싹 토닥거린다

언제쯤 해불양수
그 깊은 뜻을 알 수 있을까

참다가 더 이상 참을 수 없는 날

폭풍우 휘몰아쳐 바위 쪼개듯 울부짖고서

아무 일 없던 듯 안아주는

바다를 배우고 싶다

기억과 과거

잊지 않는 것
기억의 반대말은 망각인가 상상인가

잊지 않은 것이니 이미 일어난 일들이다
이미 일어난 일의 반대는 일어날 것들이다

기억한다는 것은 과거의 흔적이다
일어나지 않은 날들을 살아가려는 자가
이미 일어난 일로 좌절하는가

기억의 양과 크기에 기죽지 말자
미래의 양과 크기에 부끄러워할 일이다
과거를 바꾸는 것은 꾸미거나 거짓으로만 가능하고
미래는 꿈꾸는 대로 바꿀 수 있다

과거가 유리한 자는 과거를 말하고
미래가 유리한 자는 미래를 말한다

나는 무엇을 말하는가

늙음은
과거가 기억나지 않는 것이 아니라

과거가 소진되어

더는 말할 과거가 없는 것이다

갈림길

우리는 갈림길이라는 프레임에 갇혀 산다
둘 중 하나
흑과 백
양단의 프레임 속에 갇혀 산다

새로운 길
되돌아가는 길
솟아오르는 길도 있는데
갈림길 말고도 사방이 길인데

물길
하늘길
때로는 멈춤도 길인데

양단과 흑백의 프레임에 갇혀
정작 가야 할 길 가지 못한 채
선택이라는
극도의 공포 속에 살아간다

이유는 단 하나
내가 선택하지 않은 길이어서 그렇다

선택당한 길은

굽이칠 때마다

고민이 된다

기죽지 말자

호박꽃이 장미꽃에 기죽지 않는다
보름달 같은 호박을 매달 수 있는 이유다

빗방울이 먼저 내린 빗방울에 기죽지 않는다
큰 강이 혼자서 되지 못함을 알기 때문이다

구름이 다리 없음에 기죽지 않는다
바람은 자신을 통해서만 존재감을 확인받을 수 있음을 알기에

시냇물이 강물에 기죽지 않는다
강물은 시냇물을 통해서만 맑아질 수 있기 때문이다

낮은 산이 높은 산에 기죽지 않는다
자신을 거치지 않고는 높은 산에 도달할 수 없기에

가을꽃이 봄꽃에 기죽지 않는다
먼저 피는 꽃만이 꽃이 아님을 알기 때문이다

산에 핀 꽃이 하우스꽃에 기죽지 않는다
화려하게 잘리는 것보다 산중의 깊은 자유를 알기 때문이다

밤이 있어 낮이 있는 것

봄이 있어 가을이 있고
여름이 있어 겨울을 아는 것

슬퍼봐야 기쁨을 알고
아파봐야 건강을 안다

가난과 실패에 기죽지 말자
가난이 추억이 되고
실패의 크기가 웃음의 크기다

견딜 수 없을 만큼 힘들고 외로워도
기죽어 울지 말자
느리다고 하거든 느긋함이라 하자
둔하다고 하거든 포용이라 하자

홀로 선 나무가 숲속 나무에게 기죽어 울던가
언제 한 번 석양이 일출을 보고 기죽어 우는 것을 보았던가

창조적인 삶

누구는 없는 것을 만드는 것을 창조라 한다
누구는 창조를 연결이라 하고
또 누구는 창조를 찾는 것이라 한다

누구는 창조를 뒤집은 것이라 하고
또 누구는 창조를 실패의 결과라 한다

규정되어질 수 있다면 결국엔 모방인 것을
혼자 놀고 있는 아이처럼
가만 두어라
그냥 두어라

이론과 제도
그리고 절차로
도와주려 하지 말자
따라 하려 하지 말자

이것이 자연의 방식
살아 있다면 이미 나는 창조적이다

그저 나를 가둔 것을
벗겨 내면 될 일이다

말과 글 그리고 시

소리 + 영양가 = 말
그러니 영양가 없는 말은 소리다

음식 − 영양가 = 똥
그러니 소리는 똥이다

소리 + 리듬 + 음정 + 박자 = 음악
그러니 아무렇게나 내는 소리는 소음이다

소리 + 부호 = 언어
언어 + 의미 = 글
그러니 책을 읽지 않으면 글을 모른다

느낌 + 운율 + 의미 = 시
그러니 느낌 없고
의미 없는 말과 글은
그저 소음이고 부호의 나열일 뿐이다

헷갈리는 질문들

가시나무에 장미가 핀 것인가
장미나무에 가시가 난 것인가

병에 걸려서 허약한 것인가
허약해서 병에 걸린 것인가

나쁜 사람이니까 죄를 짓는가
죄를 지으니 나쁜 사람인가

머리가 좋으니 공부를 잘하는가
공부를 잘하니 머리가 좋다고 하는가

결혼했으니 사랑하는 것인가
사랑하니 결혼했는가

잘 사니 돈이 많은가
돈이 많으니 잘 사는가

살 때까지 사는가
죽을 때까지 사는가

숨을 쉬니 살아 있는 것인가

살아 있으니 숨을 쉬는 것인가

살만 하니 사는 것인가
죽지 못해 사는가

답은 몰라도 좋다
가끔 살아가는 이정표는 된다

힘의 총량

보유한 힘과 의존하는 힘
자랑스런 힘과 부끄러운 힘

쓰는 힘과 받은 힘
있어 보이는 힘과 없어 보이는 힘

함께하는 힘과 혼자만의 힘
사랑하는 힘과 증오의 힘

베푸는 힘과 빼앗은 힘
변화시키는 힘과 저항하는 힘

이렇든 저렇든
총량이 같다면

나는 어디에
힘을 쓰려하는가?

'다'라는 한 글자

다 같이
다시
다르게
다 돼!
다량
다수
다 함께
다양성

한 글자로 이렇게 좋기도 쉽진 않겠다

'힘'이라는 한 글자

힘 들어도
힘 주면
힘 내면
힘 나는 법
힘 쓰는 법
힘 보태기

참 좋다
한 글자로 이렇게 좋기도 쉽진 않겠다

정들기와 힘들기

정 주기
정 들기
정 나누기
정 내기
정 키우기

참 좋다
한 글자인데도

힘 주기
힘 나누기
힘 내기
힘 키우기

힘에는 '들기'가 어색하다
힘들기도 좋은 것인데
힘 덜 들기가 좋다고 착각하는 거 아닐까

힘이 들어야 가치도 있고 보람도 있다
힘이 들어야 도전할 만하고
힘이 들어야 결과가 생기는 것이니
힘들기는 좋은 것인 듯 하다

침묵의 힘

침묵은
소리 나지 않아서 텅 빈 것이 아니다
오히려 고요가 가득한 상태다

가득한 흰 바탕에 그림을 그리듯
소리가 나야
비로소 침묵이 존재하고 있음을 알아차린다

소나무를 그리면 배경이 보이듯
산중에서 홀로 있을 때
어떤 소리가 들리면
그 순간 등줄기가 오싹한 것은

침묵의 무게를 감당하지 못해서다
침묵해보지 못해서
고요해보지 못해서
우리는 침묵을 감당하지 못한다

침묵의 힘은
천둥소리보다 강하다

내 나이 걷기 불편해질 만큼 되면

내 공간에 쏟아지듯 내려오는 침묵을
침묵으로 견뎌낼 수 있으면 좋겠다

침묵의 힘 2

말하지 않는 것이 아니다
말이 없는 것이다
소음이 없는 것이 아니다
소리가 없는 것이다
말을 참고 있다면
소리가 없어도 그것은 침묵이 아니다

침묵은 말할 필요가 없을 때
오로지 존재하는 것이다
참고 있다면
그것은 더 요란스러워지기 전의 고요일 뿐
차라리 할 말이 없어지도록
다 뱉어버릴 일이다

침묵은 반복된 일상에 대한 멈춤이다
반복되는 일상은 지겹다

침묵은 반복적 소음 같은 표현의 멈춤이다
어색한 공간의 경계에서
우리는 또 다른 어떤 것을 만나게 된다

침묵은 새로운 것으로 들어가는 경계다

침묵의 힘은

천둥소리보다 크다

총량 불변의 법칙

1. 에너지 총량의 법칙 :
에너지의 총량은 같다. 때문에 연료 없이 가는 자동차는 없다.
열정이란 에너지 없이는 달릴 수 없다.

2. 고생 총량의 법칙 :
고생의 총량은 같다. 때문에 지금 고생하는 것은
고생을 소진하는 것이므로 다음에 할 고생이 0에 수렴한다.

3. 박수 총량의 법칙 :
내가 치는 박수와 받는 박수의 총량은 같다.

4. 건강 총량의 법칙 :
평생 건강한 시간에 대한 총량은 같다. 쉬어야 하는 이유다.

5. 사랑 총량의 법칙 :
사랑의 총량은 같다. 미리 다 써 버리면 나중에 쓸 것이 없다.

6. 노력 총량의 법칙 :
노력의 총량은 같다. 젊어서 노력하지 않으면 늙어서 해야 한다.

7. 지랄 총량의 법칙 :
삶 속에서 지랄하는 양은 같다. 다 쓰고 나면 지랄은 없어진다.

8. 고통 총량의 법칙 :
평생 겪어야 할 고통의 양은 같다.

9. 행복 총량의 법칙 :
행복의 총량은 같다. 한 번에 쓰지 말고 잘게 나누어 오래 써라.

10. 복 총량의 법칙 :
누리고 받을 복의 총량은 같다. 복 받은 줄 모르고 다 써 버리면 더 받을 복이 없다. 복이 올 때 알아차리고 누리고 아껴야 한다.

문제는 그 총량 값이 사람마다 다르다
어떤 사람은 '만'이 총량 값이고
또 어떤 사람은 '천'이, 혹은 '백'이 총량 값이다

신의 차별적 습성이다
중요한 것은 총량이 차면 끝날 테니
슬퍼할 일도 기뻐할 일도 아니다

총량이 백인 사람은
총량이 만인 사람을 부러워하지 말아야 한다

총량이 만인 사람은
총량이 백인 사람보다 100배 더 고통 값도 클테니

궁금, 의문 그리고 질문

궁한 것이 금이다

그래서 궁금이다

궁금은 순금보다 낫다

궁함은 목표의 자식이다

궁금은 호기심의 자손이고

호기심이 궁금을 낳았다

의심을 하고 물어보면 의문이다

의문은 품는 것이다

찬찬히 봐야 한다

오래 보라는 말이다

의심이 불안과 두려움의 양식이 될 수 있다

짧게 사실만을 봐야 한다

질러보는 것은 질문이다

내면에서 솟구치는 호기심이

밖으로 나오지 못하고 질식해 가는 것이 의문이라면

남들의 시선을 뚫고 밖으로 질러대는 것이 질문이다

질러대는 것은 질의 문제가 아니다

질러대는 것은 양의 문제일 뿐이다

질문은 양의 문제이다

결국 궁함이 의문을 품게 하고, 하게 한다
그 질문의 양이 삶의 질을 결정한다

반대말

책을 읽다가 메모하거나 만들어 본 반대말이다.
Luxury의 반대말은 천박함이 아니라 흔한 것이다.
코코 샤넬의 말이다.
사랑의 반대말은 미움이 아니라 이용하는 것이다.
사랑의 반대말은 미움이 아니라 비교다.
성취의 반대말은 실패가 아니라 포기다.
행복의 반대말은 불행이 아니라 무감각이다.
욕심의 반대말은 무소유가 아니라
이미 받은 것을 계산하지 못하는 것이다.
우정의 반대말은 무정이 아니라 배반이다.
진실의 반대말은 거짓이 아니라 망각이다.
민주주의의 반대말은 공산, 사회주의가 아니라 독재주의다.
이별의 반대말은 재회가 아니라 저별이다.
희망의 반대말은 절망이 아니라 두려움이다.
결핍의 반대말은 풍족이 아니라 만족이다.
위기의 반대말은 기회가 아니라
기회를 볼 줄 모르는 무지함이다.
사실의 반대말은 가짜가 아니라 생각이다.
욕망의 반대말은 체념이 아니라 죽음이다.
죽음의 반대말은 살아있음이 아니라 저항이다.
성공의 반대말은 실패가 아니라 성장이다.
여행의 반대말은 방콕이 아니라 관광이다.

'안이쁘다'의 반대말은 이쁘다가 아니라 '밖이쁘다'이다.
사랑은 약한 자가 받는 것이 아니라
강한 자가 자발적으로 하는 것이다.
예술의 반대말은 외설이 아니라 관념이다.

반대말 2

늙음의 반대말은 청춘이 아니라 궁금한 것이 없는 것이다.
아름다움의 반대말은 추함이 아니라 무관심이다.
용기의 반대말은 비겁함이 아니라 포기다.
자유의 반대말은 억압이 아니라 방임이다.
교육의 반대말은 무지가 아니라 고정관념이다.
창의성의 반대말은 무능이 아니라 모방이다.
지혜의 반대말은 어리석음이 아니라 편견이다.
평화의 반대말은 전쟁이 아니라 불안이다.
정직의 반대말은 거짓이 아니라 자기기만이다.
신뢰의 반대말은 배신이 아니라 의심이다.
겸손의 반대말은 교만이 아니라 가식이다.
자존감의 반대말은 열등감이 아니라 비굴함이다.
성장의 반대말은 퇴보가 아니라 정체다.
개성의 반대말은 획일성이 아니라 무색무취이다.
도전의 반대말은 실패가 아니라 안주다.
혁신의 반대말은 낙후가 아니라 변화하지 않음이다.
집중의 반대말은 산만함이 아니라 목적 없는 몰입이다.
감사의 반대말은 원망이 아니라 당연하게 여김이다.
희망의 반대말은 절망이 아니라 무기력이다.
명예의 반대말은 불명예가 아니라 무관심이다.
리더십의 반대말은 독재가 아니라 무책임이다.
신중함의 반대말은 경솔함이 아니라 무분별함이다.

깊이 있는 사고의 반대말은 얕은 사고가 아니라
생각하지 않음이다.
지식의 반대말은 무지가 아니라 배우지 않는 것이다.

인생을 낭비한 죄

인생을 낭비한 것도 죄다

살인자 누명을 쓴 빠삐용은 억울했다
악명 높은 수용소에서 삶은 가혹했다
꿈속에서 재판관은 빠삐용을 죄인이라 했다
억울하다고 죄가 없다고 항변했다

재판관은 말했다
"당신이 주장하는 사건이 무죄라 하더라도
당신이 인생을 허비한 것은 유죄다"

미루는 것
도전하지 않는 것
그래서 아무것도 하지 않는 것
그것은 죄다

생각하지 않는 것도 죄다
유대인 600만 명을 집단수용소로 실어 나르고
죽게 한 홀로코스트 실무 책임자
아돌프 아이히만을 기억한다

상관의 명령을 따랐을 뿐

시키는 대로 하지 않은 것이 유죄라고 주장했다
결국 그는 사형당했다

한나 아렌트는
이것을 '사유하지 않은 것이 바로 악이고 죄'라고 했다

가난한 것도 죄다
나랏님도 못 구한다는
숙명적 가난은 무죄였다
방법을 몰랐기 때문이다

그러나 로버트 기요사키가
부자가 되는 방법을 공유한 이후로
가난은 죄가 되었다
노력하지 않았기 때문이다

이런 이유로
'무엇 때문에'라는 변명은 다 죄가 되었다

같은 이유를
누군가는 '무엇 덕분에'라고 말하는 이상
'무엇 때문에'라고 하는 것은 죄다

졌다는 것의 증거

부러우면 지는 것
나만의 꿈이 없다는 증거니까
무시하면 진 것
힘으로 된다고 생각하니까

모르면서 안다고 하면 진 것
배울 수 있는 기회를 놓친 거니까
화내면 진 것
뭔가를 감추려 한 거니까

더 가지려 하면 진 것
싸우게 될 테고 이겼다 해도 승복하지 않을 테니까
집착하면 지는 것
다른 것이 보이지 않으니까
울면 지는 것
상대가 웃을 테니까

급해지면 지는 것
속이 다 보이니까
나누지 않으면 지는 것
빼앗길 테니까

어울리지 않으면 지는 것

혼자가 될 테니까

다짐

안다는 이유로
무시하지 말고
합리적이란 이름으로
변명하지 않고

유식이란 말로
핑계대지말고
해봤다는 말로
안주하지 말고

전문성이란 평가로
부정적이지 말고
별것 없다는 인식으로
외면하지 말고

겸손이란 모습으로
비굴해지지 말자

9부 - 通

窮卽變이고
變卽通이고
通卽久다.

궁하면 변하고
변하면 통하고
통하면 오래간다.

변하지 않는 것은
아직 궁하지 않기 때문이고
통하지 않는 것은
변하지 않았기 때문이고
지속되지 못하는 것은
통하지 않았기 때문이다.

모든 이치는
이 안에 있다.

통하지 않고서
되는 일은 하나도 없다.

궁즉변 변즉통 통즉구 窮卽變 變卽通 通卽久

궁하면 변하고
변하면 통하고
통하면 지속된다는데

변하지 않는 것은 궁하지 않기 때문이고
통하지 않는 것은 변하지 않기 때문이며
지속되지 않는 것은 통하지 못하기 때문이다

배부르고 난 뒤에야 변하지 않았음을 알고
떠나고 난 뒤에야 통하지 않았음을 알고
끝나고 나서야 통하지 못했음을 알아차리며
그제야 아쉬워 땅을 친다

아쉬워해야 한다
이 순간을 아쉬워해야 한다
지금 곁에 있는 이 사람을
지금 하고 있는 이 일을 아쉬워해야 한다

아쉬움에서 출발한 궁함이
결국 우리를 통하게 만든다

궁할 것이 없는 사람끼리는 통하지 못한다

배고프면 허리 숙이고

배부르면 배를 내민다

참지 말고 울자

참지 말고 울자
울음은 하늘이 내는 소리다
하늘은 울음소리만 알아듣는다
울음은 참을 수 있는 것이 아니다
눈물은 하늘이 흘리는 것이고
하늘 어딘가에 있는
또 다른 내가 흘리는 것이다
비가 오면 맑아지듯
그 눈물에 내 영혼은 샤워를 한다

나무는 이슬로 눈물을 흘리고
강은 물안개로 눈물을 흘린다
새 소리는 노래만이 아니며
바다도 때로는 소리 지르며 운다

울음만이 통합한다
슬픔과 기쁨을 아우른다
사랑과 미움을 아우른다
울음은 울림이다
언어가 없을 때
우리 할아버지, 할머니는 그 울음으로 소통했다

우리에게 부족한 것은 웃음의 양이 아니라
눈물의 양이다

짐에 대한 생각들

"수고하고 무거운 짐 진 자들아, 내게로 오라.
내가 너를 편히 쉬게 하리라."
예수님은 이 한 말씀으로 인류의 30%를 자기 편으로 만드셨다

카뮈는 시지포스의 이야기로 노벨상을 받았다
그는 삶을 말한다
바위를 산 정상에 올려놓으면 다시 굴러떨어지는
무한 반복의 부조리라고
삶은 짐에 대한 태도의 문제다

누구는 내려놓으라 하고 누구는 지고 가라 한다
누구는 짐이 없다고 걱정이고
또 누구는 짐이 무겁다고 불평이다
짐의 포장지가 마음에 안 든다고
혹은 언제 내려놓느냐고 불만이다

*

차가 모래사장에 빠지면 타이어의 공기를 빼서 탈출한다
차가 구덩이에 빠지면 사람을 더 태워서 빠져나온다

낙타는 사막을 걸을 때 짐을 포기하지 않는다

그것이 존재 이유이기 때문이다

화려한 금덩어리를 지고 가는 당나귀는 평생을 지고 다녀야 한다
쌀가마니를 지고 가는 당나귀는 갈수록 짐이 가벼워진다

*

짐을 지고 가는 자에게 고민은 오르막길, 내리막길이 아니다
그것은 내가 만든 것이 아니기 때문이다
문제는 짐의 무게일 뿐이다

지칠 때는 잠시 쉬면서 노래도 하고
무거울 때는 나누어 져주는 이가 있어야 하고
가벼울 때는 나누어 들어도 주면서 가야 한다

내리막을 갈 땐 개가 주인을 보듯 즐거워하고
오르막을 만나면 눈 질끈 감고 발걸음만 보며 걷는 거다

내가 진 짐도 언젠가는 쓰임이 있을 터이다
기억해야 할 것은 짐을 하나도 지지 않는 순간
우리는 죽는다는 사실이다

똥 철학

무엇이든 삼키고 나면 나오는 것은 똥이다
먹은 것의 우열로 똥을 평가하지는 않는다

살다가 똥을 밟은 것이 똥의 잘못은 아니다
입구멍이나 똥구멍이나 본질은 같다
비싼 것 먹고 싼 똥이라고 돈 주고 사가는 법은 없다
남이 먹고 싸는 똥을 대신 쌀 수도 없다

아끼다 똥 되는 것이 아니라
똥도 못 싸보고 죽는다
'개똥도 약에 쓸려면 없다'가 아니라
개똥을 계속 먹이면 먹기 싫어 낫는 것이다

똥 이야기 듣고 안 웃는 사람 없는 것은
계급도 우열도 없는 공감 때문이다
똥은 비교하지 않지만 먹은 것은 비교된다
똥은 그저 똥일 뿐이다

똥은 거름이 되어
꽃 피우고 열매가 된다
똥이 문제가 아니라
거름이 되지 못하는 것이다

책의 본질

책의 본질은 읽히는 것이다
책은 읽히려 태어났다
때문에 책을 책장에 꽂아두는 행위는
책을 구속하는 행위와 다름없다

책에게 외출을 허락하자
책은 누군가의 손에 들려있어야 한다
책이 읽혀지지 않게 하는 것은
책의 본질에 위배되고 방해하는 일이다

책을 공유해야 한다
더 오래된 과거가 되기 전에
더 많은 사람들에게 회람되어야 한다

사람이 만든 책보다 책이 만든 사람이 많고
책은 그 일을 말 한마디 없이 해냈다

책의 본질은 읽히는 것이다
책은 책장에 꽂혀있는 것보다
제목이라도 누군가의 눈에 띄게 해야 한다*

----

* 저자는 이러한 취지에서 중고책 무료 기증을 통해 작은도서관 무료 건립 운동을 하고 있습니다. 책 기증 및 무료 도서관 설치를 희망하는 중소기업이나 공공기관의 신청을 받습니다.

내 맘에 가시가 있다

내 맘에 가시가 있다
말로 찌르고
눈빛으로 할퀴고
표정으로 목을 조른다
참 숨 막힐 일이다

안 준다고 찌른 게 아니고
더 안 준다고 찌른다
몸에 가시라면 피했을 텐데
숨긴 말 속 가시로 찌르니
참 나쁘다

나도 모르게 말 속에 가시를 넣어 내보낸다
가시는 뱉는다고 말한다
나는 말을 뱉고 있는 것이다

빙 둘러 하는 말 모를 것 같지만
가시여서 누구나 안다

어린 왕자가 그랬다
꽃에 가시가 있는 것은
연약하기 때문이라고

나는 늘 가시로
내 연약함을 드러내며 살아간다

이견異見과 의견義見 그리고 이견離見

회의 시간에 의견義見을 말하지 않는다고 지적당한다
의견을 말하라 하면 순간 당황스럽다
이견을 말하라는 건지, 의견을 말해야 하는 건지 애매하다

의견을 말하는 순간, '아,' 분위기가 이견異見이다
결국에는 욕먹고 찍히고 일만 잔뜩 맡았다
절대 의견이란 말에 속지 않겠다고 다짐한다

異見이 義見이 되지 않으면, 이견離見이 된다
이런 일은 우리 집에서도 일어난다
이견과 이견이 만나 의견이 되는 사회가 좋다

이견과 이견이 만나는 것을 두려워하는 집단도 있다.
당정 간 혼선이란 신문 기사를 몇 십 년째 본다
이견과 이견이 모아지는 과정을 견디지 못한다

숨어서 몰래 하면 투명하지 않다고 하고
공개해서 이견이 나오면 혼선이라 한다
내심 획일과 일사불란을 원했던 건지도 모른다
이런 일은 우리 집에서도 일어난다

장관이 대통령에게 이견을 말해도 혼선이라 하지 않는 국가,

부하가 상급자에게 이견을 말해도 찍히지 않는 직장,
선생님에게 다른 관점을 말해도 불이익 없는 학교,
부모 자녀 간에 이견을 말해도 상처받지 않는 가정,
한마디 말에 서운하다고 뒷담화하지 않는 관계, 매우 급하다

그렇지 못하면 닫는다
닫히면 소통되지 않는다
소통되지 않으면 공감되지 않는다
공감되지 않으면 결국 떠나서離 보이지見 않는다
이것이 이견이다

경청의 필요성

살면서 누군가를 상담할 때가 있다
통상은 들어주면 되는 일이니 답하려 애쓰지 말아야 한다
누구도 확실한 기회이거나 확실한 위험은 묻지 않는다
대부분 이미 답을 정해 놓고 묻는다

묻는 것의 대부분은 이래도 되고 저래도 되는 것들이다
결국 이래도 되고 저래도 된다는 말이다
그저 동의가 필요한 것이고 외로운 것이다
그러니 굳이 대답할 필요도 없다
오히려 대답하지 않아야 한다
고개만 끄덕여 주자

반대로 뒤집어 보자
나는 누군가에게 무엇을 물어보는가?
나 또한 확실한 것, 확실히 위험한 것은 묻지 않는다
이래도 되고 저래도 되는 것을 묻는다
그럼 나는 무엇이 필요한 것인가?
들어줄 사람이 필요할 뿐이다

말하며 사는 사람보다 들어주며 사는 사람이
더 존경받는 이유인 듯하다

역발상 파워시대

민감력, 감수성이 힘이라 했다
둔감력鈍感力이 경쟁력인 세상이다
민감해서 견뎌내지 못하는 사람이 급증한다

성장력이라 했다
달리는 속도를 높일수록 불평등은 커진다
멈춤력이 더 중요한 세상이다
멈출 수 있어야 달릴 수 있다

소통력이 중요하다고 했다
반려동물이 천만인데
사람마저 말이 아닌 소리를 낸다
그래서 온통 시끄럽다
침묵력沈默力이 필요한 세상이 되었다

창의력이 필요하다고 했다
그러나 창의성은 갈수록 약해진다
아무것도 하지 않는 무위력無爲力이 창의력을 키운다

문제 해결력이 필요하다고 한다
오히려 문제 발생력問題發生力,
즉 도전정신이 더 필요하다

협력이 중요했다
시키는 일에 힘을 보태는 협력이 아니라
각각의 주체가 힘을 합치는
협업력協業力이 더 중요한 세상이다

눈을 감으면 보이는 것들

눈이 머는 것이 사랑이고
눈을 감는 것이 우정이라면

눈을 살포시 뜨는 것은 기다림이고
눈을 꼭 감는 것은 믿음이다

눈을 감고 미소 지으면
행복이 보이고

눈을 감고 누군가를 떠올리면
그리운 사람이 보인다

우리가 정작
보려고 하는 것은
눈을 감아야 보인다

우리가 꼭
봐야 할 것은
눈이 멀어야 보인다

불통 분담금

교통 분담금
환경 분담금
교육 분담금을 부가하는 이유는

나의 행위가
누군가에게 피해를 준다면
그 행위로 인해 발생한 이익에 대해
피해 비용을 분담시킨다

빼앗긴 꿈을 위해 꿈 분담금
잃어버린 소통을 위해 소통 분담금
닳아버린 감성을 위해 감성 분담금

세율 올리지 말고
세목을 새로 만들면 어떨까 생각하다가
저항을 분담해 줄 사람이 없어 그냥 접었다

불통 분담금 고지서가 나오면 재미있겠다
세금 내라고 하면
아무도 안 할 듯 싶다

빈틈

희망의 빛은 이미 와 있는 것이 아니다
희망의 빛은 들어오는 것이다

틈이 있어야
들어오고
나간다

비집고 들어갈 틈이 없다
비틀고
뒤집어야 생길 텐데

생각과 시각 그리고 감각을
뒤집어야 하는데
병뚜껑 따듯
비틀어야 하는데

조금의 틈도 없다
틈이 없어야
완벽하다고 한다

땅은 생명에게 틈을 내주고
싹은 그 틈을 비집는다

싹이 나지 않음을
탓하지 말고

틈이 없음을 돌아봐야 한다
혹시 가쁜 호흡을 내쉬고 있을지 모른다
내가 밟고 선 그 땅 밑에서

한 가지쯤
빈틈을 만들어야 한다

용기가 나지 않는 것은
온통 빈틈인 것을 땜빵질해 놓아서다
혹시 무너질까봐 이러지도 저러지도 못한다

내가 가진 빈틈은
흠이 아니라
곧 희망이 들어올 공간이다

차라리 미리 말을 하자
찾아오기 쉽도록

"여기가
나의 빈틈"이라고
"여기가 내 숨구멍"이라고

용서

인정 못 한 처벌은 멍을 남기고
후회를 동반한 자책은 자국을 남긴다

인정 못 한 처벌이 가득한 세상과
후회의 자책이 넘치는 세상에는 원망이 있다

감시카메라 양보다 늘려야 할 것은
용서의 양이다

그래야 상처가 치유된다
상처를 아물게 하는 연고는 용서뿐이다

용서는 잊어버리는 것이다
용서는 나를 위한 것이다
용서는 내 몸속에 든 칼을 뱉어내는 것이다

칼을 품고 있으면서 내 오장육부에
상처를 낼 이유가 없다

그래서 가장 멋진 복수는 용서다

기도의 변질

기도가 달라졌다
용서가 아니라 미움을 편들어 달라고 기도한다

가난한 이를 보살필 수 있는 형편을 기도하는 것이 아니라
나만의 풍족이 영원하게 해달라고 기도한다

지친 자들에게 쉴만한 안식처가 되게 해달라고
기도하는 것이 아니라
목마른 자들에게 단비를 내려달라고 기도하지 않고
목마른 이유가 죄값임을 깨닫게 해달라고 기도한다

더 크고 화려한 신전으로 신의 존재를 증명해 달라고 기도한다
전쟁으로 죽어가는 이들을 살려달라고 기도하지 않고
하나님을 무시한 죗값을 치르게 해달라고 기도한다

신의 의도인 평화가 가득하길 기도하는 것이 아니라
신을 믿는 자들의 배부름을 기도한다
젊은이들이 희망과 믿음을 가지게 해달라고 기도하지 않고
우리 집 아이만 우월하게 해달라고 기도한다

신에게 쓰임 받기를 기도하는 것이 아니라
인간에게 쓰임 받기를 기도한다

시험을 극복할 힘을 달라고 기도하지 않고
시험이 오지 않게 해달라고 기도한다

전쟁을 끝내달라고 기도하지 않고
누군가가 멸망하게 해달라고 기도한다

기도의 변질이다
이것을 들어주고 있다면
그 신 또한
가짜이거나 변질된 것이다

기도의 실상

속옷만 입어도 될 더운 실내에서
자칫 흘러내려 벗겨질 것 같은 가죽옷 걸친 이가
손가락보다 굵은 반지 낀 손을 모아 기도를 한다

억지로 먹는 것보다 버리는 것이 낫다는 이들이
더 많이 버릴 수 있는 삶을 기도한다

이미 가진 권력으로도
딱히 해 놓은 것이 없는 이들이
칼을 들고 서서 더 큰 권력을 기도한다

햇볕, 바람, 구름, 숲, 물, 웃음, 미소
이미 공짜로 받은 것도 다 못 누리면서
더 많은 공짜를 기도한다

땀 흘리지 않고 번 돈으로
헬스장 가서 땀 흘리며
땀 흘리지 않으며 살아가게 해달라고 기도한다

내가 신이어도 들어줄 것 같지는 않다
내가 신이었다면 응답은커녕
한 대 때렸을지도 모르겠다

기도에 응답이 없는 이유

우리는 기도하는 나약한 존재다
무릎 꿇고 염주를 들어야만 기도는 아니다

어떤 기도도 신은 답하지 않는다
기도하는 이들은 정성이 부족한가 싶어 안절부절이다

백 번 절함이 부족한가 싶어 천 배를 하고
백일이 부족한가 싶어 천일기도도 한다

갈수록 헌금 봉투가 두꺼워져도
신은 응답하지 않는다
급기야 시간이 가서 해결된 것을
신이 들어주었다고 자위하기도 한다

기도가 응답되지 않는 이유는 따로 있다
공짜로 준 것 누리지 못하는 이에게
무엇을 더 줘야 할지 고민되지 않을까

이미 만들어 준 관계도 힘들어하는 이들에게
새로운 사람을 만들어 주는 것
이미 주어진 일도 힘들어하는 이에게
더 큰 일을 맡기는 것은

가혹하지 않을까

건강을 잃어버린 이가 건강을 달라 하고
공기의 신선함을 못 느끼는 이가 새로움을 달라 하고

눈을 줬으나 아름다움을 보지 못하는 이가
더 아름답게 살 수 있도록 해달라고 한다

들을 수 있는 귀를 주었으나 듣지 못하는 자가
좋은 정보를 달라고 기도한다

이미 가진 것도 누리지 못하는 이가
새벽에 눈물을 흘린다고
그 기도를 들어 줄 것 같지는 않다

적절함이란

애쓰면
못 나서인 줄 알고
애 안 쓰면
잘난 척하는 줄 알고

가만있으면
무관심하다 하고
적극적이면
설친다고 한다

의도하지 않는 것
마음 갈 때만 하는 것
그냥 하는 것
그리고 신경 끄는 것
흡사 바람처럼 자유롭고
애써 잘 보이려 하지 않고
때로는 무신경하고
더러는 서운하다, 싫다고 표현도 하는 것
그것이 적절함이다

적절함은 가만히 있는 것을 말하지 않는다
흡사 중립이 물리적 중간을 말하지 않듯이

누구도 만족시킬 수 없다

내가 살이 찌면 게을러서 그렇다 하고
살이 빠지면 아파서 빠졌다고 하고
내가 쉬고 있으면 논다고 하고
내가 계속하면 무식하다고 한다

내가 말 많이 하면 가볍고 수다스럽다 하고
내가 말 안 하면 표현 못 하고 소심하다고 한다
옷을 잘 차려입으면 남을 의식하고 사치스럽다 하고
옷을 편하게 입으면 가난하거나 자기 관리 못 한다 한다

돈을 아끼면 구두쇠라 하고
돈을 쓰면 사치스럽고 개념 없다 한다
내가 성질을 내면 분노 조절 장애라 하고
내가 성질을 안 내면 성격 장애라 한다

공부를 하면 놀 줄 모른다 하고
놀고 있으면 미래를 준비하지 않고 비전 없다 한다
꿈을 말하면 허황되다고 생각하고 비웃고
꿈을 이루면 운이 좋았다며 시기하고 질투한다

내가 성과가 나쁘면 실력이라 하고
내가 성과가 좋으면 운이라 한다

책 읽으면 시간이 남아서라 하고
책 읽지 않으면 무식하다 한다

비판

누구나 하는 것
동네 축구 10분도 못 뛰는 나지만
맨유의 호날두를 신랄하게 평가한다

비판은 누구나 하는 것이다
노숙자도 경제를 논하고
동네 개도 취객의 발걸음에 먹은 술의 종류를 안다

비판은 누구라도 하는 것이다
하나 마나 한 말을 공중파에 태우고
해 본 적도 없으면서 한 것처럼 말하고
하라고 하면 하지도 못하면서
비판은 누구나 하는 것이다
그 누군가가 또 다른 누군가의 잘못이라고
대안 없이 남 탓만 하는 것

비판은 입을 닫고 나에게만 해야 하는 것이다
비판은 언제나 똑똑함으로 위장하고
비판은 늘 누군가를 파괴시킨다
비판하는 유명 정치인들의 늙은 얼굴이
편안한 적을 본 적이 없다

나는 하지 말고
남이 하면 무시하고 대응 말아야 하는 것
그것이 비판이다

비평

정작 필요해서 찾으면 없는 것
맞는 말이니 듣기에 거북한 것
말하고 나면 살짝 미안해지는 것

듣고 나면 숙제가 생기는 것
경험해 보지 않은 이는 하라 해도 못 하는 것
그래서 꼭 필요한 것

나이가 든다는 것은
근거 있는 비평이 무서워지는 것

외로움은 비평이 줄어드는 증거
비평 없음은 외로워진 것

근거가 있으면 비평
없으면 비판
대안이 있으면 비평
없다면 비판인 것

나에 대한 비평도
근거 없고 대안 없으면
하지 말자

사회의 반칙

인생은 사건이 아니라
해석으로 결정된다고 한다
그것이 불행한 사건일지라도 그 속에서
기회와 감사를 찾으라고 한다

그러나 넘어진 뒤에 일어서는 것보다는
넘어지지 않는 것이 좋다
아픈데 웃음을 요구하는 것은 폭력이다
누군가 넘어져야 하는 것이어서 그런 거라면 궁색하다

넘어질 수밖에 없다면
일어설 수 있을 만큼만 넘어져야 한다
넘어진 후 감사가 그리 쉬운 일이라면
감사가 그리 가치 있지도 않을 터이다

우리 사회는 이미 발생한 낙오자를
어떻게 할 것인가에 비용을 쓴다
그러나 그보다 우선은
낙오자가 최소화되게 해야 한다

이미 낙오자가 된 이상 도와준다고 해도
받은 상처를 회복하기 어렵기 때문이다

발생할 수밖에 없는 상황에서
낙오자에 대한 배려는 근원적이지 않다

경쟁의 구조 속에서 낙오자를 만들고
그 낙오자를 위로하고 동정하는 것은 옳지 않다
아니, 오히려 반칙이다
우리 서로 위로와 동정에 길들여지지 말자

사이의 미학

공간도 사이다
시간도 사이다
인간도 사이다
사이는 떨어진 거리다
사이는 멀어진 거리이기도 하다
사이는 간극이다

삶은 끌어당김의 연속이다
인간이 더 세게 끌어당기면 태어나고
신이 더 세게 끌어당기면 죽는다
가깝거나 멀거나
끌어당김이 작용하지 않으면 죽은 것이다
탄생은 그 끌어당김의 틈새에서 이루어진다

멀리 있음을 불안해하고
가까이 있음을 좋다 할 것 없다
신도 사람이 가까이 오는 것을
경건이란 이름으로 싫어하신다

칼릴 지브란은 말했다
사원의 기둥들도 떨어져 있고
참나무, 삼나무도

서로의 그늘 속에서는 자랄 수 없다고

사이를 즐기자
멀리 있으면 자유를 느끼고
가까이 있을 때는 부드러운 사랑을 느끼자

멀어져 가는 시간의 사이에 미련을 갖지 말고
다가오는 시간과 밀당을 하자
친하다고 속을 다 보이지도 말고
멀리 떨어져 있다고 잊지도 말자

누군가
듣고 있지 않더라도
노래할 수 있다면

10부 - 樂

나는
많이 행복한
것이다.

외롭거나 힘들 때
혼자 부를 노래가 있다면
나는 즐거운 것이고

같이 부를 사람이 있다면
성공한 것이다.

그까짓것 이까짓것

슬픈 표정 짓지 마라
위로, 동정 구걸 마라
살아온 나의 삶도
누군가에겐 희망이다

남은 인생 어찌 살까
염려마라 걱정마라
이보다 힘든 날도
견디고 견뎠잖아

한다 하면 했었고
징징대지 않았잖아
부러우면 지는 거다
기죽으면 끝난 거다

서운하고 외로워도
그까짓것 하는 거다
서운하고 외로워도
이까짓것 하고 살자

때론 답답하고 화가 나도
그까짓것 이까짓것 하는 거다

사랑도 그까짓것

돈도 명예도 이까짓것

직접해야 재미있다

"죽기 전에 꼭 한번 다시 느끼고 싶었어.
관중석에 앉아서는 절대로 느낄 수 없는 그 기분을 말이야.
보는 것이 하는 것보다 더 재미있을 수가 없지."
오징어 게임에 나오는 대사다

언제까지 박수만 칠 건가?
박수치는 것이 재미있는가?
박수받는 사람보다 박수치는 사람이 낫다고 해서
박수치는 것을 직업으로 하는 동원된 관중을
대접해주는 경우는 어디에도 없다

참여하는 방법은 두 가지다
남들이 만들어 놓은 게임이나 놀이에 참여하는 것
내가 만든 게임이나 놀이를 직접 하는 것

즐겁다는 것은
내가 만든 게임을 하는 것이다

즐거움의 정체

즐거움은 오는 것이 아니다
즐거움은 어딘가에 머물러 있는 것도 아니다
이미 나에게 와있는 것이다

괴로움이나 슬픔
그리고 부정적인 생각에 가려져 있을 뿐이다
그러니 가리고 있는 것을 버려버리면 될 일이다

버린다는 것은 만나지 않는 것
생각하지 않는 것
다른 것을 보는 것이다

만져봐서 즐겁거나 설레지 않으면
버리자
그러면 버려져서 빈 그곳에
즐거움이 있다

만나봐서 부정적인 사람은 만나지 말자
만나서 애써야 하는 사람은 만나지 말자
만나고 나면 힘 빠지는 사람도 만나지 말자

나에게 용기 주고

힘이 나는 사람 만나기에도
살아 있는 시간은 부족하다

결국 즐거움은 찾는 것이 아니라
무엇인가에 가려져 있을 뿐
이미 내 곁에 머물고 있었던
어떤 것이다

설레지 않으면
버려버리자

지지자 불여호지자 知之者 不如好之者,
호지자 불여락지자 好之者 不如樂之者

아는 사람은
좋아하는 사람만 못하고
좋아하는 사람은
즐기는 사람만 못하다

아는 것은 판단의 기준이다
좋아하는 것은 생각하는 것이고
즐기는 것은 실행하는 것이다

아는 것은
무엇이 중요한지를 아는 것이고
좋아하는 것은
애는 쓰고 있으나 아직 깨치지 못한 것이고
즐기는 것은
그 진리와 하나가 되는 것이다

답은 나왔다
내가 좋아하는 것을
내가 잘해서
즐길 수 있는 것을
내 삶의 진리와 기준으로 삼으면 될 일이다

굳이? 왜?

물고기가 나무를 빨리 올라야 할까?
새가 잠수 능력을 키워야 할까?
소가 싸움까지 잘해야 하나?
돼지가 하늘을 날아야 할까?

모두가 글을 잘 써야 할까?
굳이 모두가 운동을 좋아해야 할까?
모두가 리더십이 있어야 하는가?
모든 사람이 다 잘해야 할까?

무조건 시키는 대로 하면 좋을까?
무조건 가만두면 좋을까?

몸이 아프다면 돈이 필요할까?
낮만 계속되면 좋을까?

모두가 이뻐야 할까?
모두가 건강할 수 있을까?

아무리 생각해도 그럴 필요는 없다
그런데 왜 이런 문제로
늘 시끄러울까?

ㄲ에 모음을 붙여보니 재미가 있다

꿈을 꾸면
깜이 아니라고
껌 씹는 소리를 해서
가짜 꿈으로
꼼수를 부리니 내 안에 내가
낌새를 챈다
꿈보다 우선은
깸이니 잠에서 관성에서
깨어나야 한다

ㄸ에 모음을 붙여보니
땀 흘리며 살라 하고 사람도 일도
뜸 조절 잘하라 한다

ㅆ에 모음을 붙여보니
씨를 심으라 하고 일을 하면
죽 쑤지 않도록 신중하라 하고 삶은 글로
쓰라 하고 자신을 소중히
써야 한다고 하네

이류라고 말하면 삶이 즐겁다

일류만 기억하는 세상에서
이류는 패배자일 뿐이다
그러나 스스로 이류라고 말하는 사람이 일류다
삼류라고 말할 수 있는 사람은 초일류다

이류는 일류가 가지는 강박에서 벗어날 수 있다
삼류는 일류가 가지는 가면에서 벗어날 수 있다
우리를 즐겁지 못하게 하는 것은
다름 아닌 강박과 가면으로
자신을 방어해야 하는 것이다

어디 가서
"저는 이류입니다"라고 해보자
그리고 한 마디 더
"이류 없는 일류가 있겠습니까
저 때문에 누군가 일류가 될 수 있다면
저는 기꺼이 이류가 되겠습니다"

그 순간 일류라 불리움을 받는다
그 순간 나는 자유를 얻는다

참여하지 않은 축제는 숙제다

숙제하듯 살지 말고
축제하듯 살라고 한다
온통 축제인데
숙제뿐이다
향락과 소비를 위한 이벤트이다
지갑을 열 때만 체험하는
볼거리 먹거리 춤거리는
공동체를 만들지 못하고
사람을 개별화한다

축제를 가도 외롭고
지갑의 두께에 따라 소외만 강화된다
수많은 커뮤니티에 가입을 해도
경조사에 대한 형식적 공감 말고는 찾아보기 힘들다
좋아요 한 번 눌러주기에도
마음은 인색하기만 하다

그러함에도 커뮤니티 만들자고 하면
싫은 내색이 없다
축제에 대한 갈망 때문이다

축제는 내가 참여해야 축제다

늘 주변인의 모습으로 무엇인가를 위한 삶에서
스스로 주인공으로 등장하는 기회가 주어져야 한다

즐거움은
계급의 논리, 소득의 논리를 초월한다
축제가 공동체의 핵심인 이유다

개별화가 실력이라면
공동화는 성과다
공동체에 대한 소속감은 심리적 안전을 담보한다
그 안전감을 바탕으로 힘이 결집된다
그 결집의 결과를 성과라 한다

축제가 주최자의 성과에만 매몰되는 순간
참여자는 소비자일 뿐이다

노래를 하고 춤을 추는 것이
우리 인류가 시작될 때부터의 즐거움이다
그것이 잘하는 사람 못하는 사람으로 상품화되는 순간
그 누군가 다수는 객이 된다

객만 가득한 행사는 축제가 아니다
축제는 구경하는 것이 아니고
참여하는 것이어야 한다

어디 갔다 왔다고 자랑하기 위한 목적이 아니라
그냥 즐거움 그 자체여야 한다

삶이 축제가 되지 못하는 이유도
이런 듯하다

우선순위

잘해서 상을 받는 것과
상을 받으려고 잘하는 것은 다르다

살아서 무엇을 하겠다는 것과
무엇을 해야 하니 살겠다는 것은 다르다

사랑해서 같이해야 하는 자와
같이해야 하니 사랑하는 자는 다르다

가다 보니 도착한 자와
도착해서 할 일이 있는 자는 다르다

무엇이 되면 행복해진다고 사는 것과
행복해하니 무엇이 되어지는 것은 다르다

부자가 되면 무엇을 하겠다는 사람과
무엇을 해야 하니 부자가 되어야 한다는 사람은 다르다

결국 선행 요인의 문제다

지금 힘들면 애쓰지 말고 좀 쉬어라
힘들어 쉬는 자와

쉬었다 뛰는 자는 다르다

그게 우선이다

나중이 즐거움의 살해범이다

맛있는 것
나중에 먹겠다 하지 말자
어차피 똥 된다

때가 되면 나중에 해야지 말자
때가 된다 해도
내가 지금의 내가 아니다

조건이 되면 해야지 하지 말자
지금 조건에서 할 수 있는 일을 해야
즐거운 횟수가 증가한다

비싸고 좋은 것
나중에 사용하려 아끼지 말자
유행이란
네가 가진 것을 못 쓰게 하려는 자들이 만드는 것이다
못 쓰게 된다

과거나 미래에게
현재를 양보하지 말자

집에서 일 걱정하는 것은

미래를 편애하는 것이고
어제 일어난 일에 시간을 보내는 것도
미래만을 편애하는 것이다

준비한다고 선택을 늦추는 것
완벽하려고 시작을 늦추는 것
남들이 어떻게 생각할까 주저하는 것

그러고 보면
결국 즐거움을 죽인 것은
나중이었다

즐거움을 살해한 공범은
다음이였다

즐겁다는 것

좋아하는 것은 무엇이고
즐거운 것은 무엇인가

좋아하는 것은 감각적인 것이고
즐거운 것은 내면적인 것이다

분류하기 좋아하는
가르치는 사람들의 이야기다
그러나 그것이
그리 정확하게 구분되는 일이던가

인상을 쓰고 있다고 해서
즐겁지 않다고 할 수 없고
웃고 있다고 해서
즐겁다고 할 수도 없는 것

장자가
죽은 아내의 영정 앞에서
노래를 부른다고 나무라자
내 아내의 죽음이 슬프다는 것은
누구의 기준이냐고 했다
죽은 내 아내는

기뻐하고 있을지 어찌 아는가

누구도 부정할 수 없는 것이 있다
노래하는 사람은
그것이 슬픈 노래든
기쁜 노래든
즐겁거나
즐거우려고 하는 것이다

그러니 노래할 일이다

혼자 부를 노래가 한 곡 있다면
산만큼 큰 시름도 잊을 수 있고
바다만큼 깊은 슬픔도
딛고 일어설 수 있다

틈틈이 노래하자
노래 한 곡쯤 제대로 외워서
혼자 부를 수 있어야 한다

희망, 낙관, 긍정의 차이

희망은
절망의 크기만큼 성장한다
때문에 희망은
절망과 고통을 필요로 하는 배반적 관계다

어디 가서 말할 때
"무조건 잘될 겁니다"라고 말하지 말자
낙관적 긍정주의자로 평가받을 수 있다
"이런 저런 어려움이 생겨도
저는 해내고 말 겁니다"라고 하자

어디서든 말할 때
"할 수 있습니다"라고 말하지 말자
"어떻게 할 건데?"라고 공격받을 수 있다
"어려움을 극복해서
해내고 말겠습니다"라고 하자

희망은
내 것이어야 하기 때문이다

주어가 빠진 희망은
외적 변수에 기대는

나약한 긍정일 뿐이다

설혹 그렇게 되었다 하더라도
운이 좋았을 뿐이다
오래가지 못한다

내가 가진 미래가 희망인가
그저 낙관적 긍정인지
생각해 보자

강물의 즐거움

어느 시인은 바다에 이르러
강은 이름을 잃어버린다고 했다
강은 바다의 일부가 되어
자신을 완성한다고도 했다

산골짝 어느 귀퉁이 샘솟았던 물이
실개천 만나 졸졸거리며 연애하더니
천 길 벼랑 끝에서
기꺼이 폭포가 되어 울부짖었다

장맛비 만나서
흙탕물을 이루고
흥분된 마음 가라앉히고
아이들 물장구 치게 하더니

강에 이르러
연인들 조각배 띄워 노닐게 하고
검은 연기 뿜어내는
굴뚝의 엔진도 식혀주고

그렇게 흘러왔던 기나긴 여정
상처받고 지친 강물은

드디어 시퍼렇게 멍든 가슴으로
기다려준 어미를 만난다

강물이 바다에 이르러
이름을 잃었다면
냇물은 강물에 이르러
소리를 잊었다

강물이 바다의 일부가 되어
자신을 완성했다면
샘물은 냇물에 이르러
드디어 존재를 확인받았다

이 여정이
그때마다 얼마나 큰 기쁨이던가
기쁨을 만나는 그 여정이
얼마나 즐거웠을까

강물은
흐름을 막는 산을 원망치 않는다
오히려 그 허리를 감싸안았다
더 머물게 하고픈 산의 고마움을 아는 까닭이다

강은 자신의 흐름을 느리게 한
산 덕분에

바다가 되었다

강물은
소리를 찾고 이름을 가졌기에
바다에 이르러
이름을 버릴 수 있었다

애써 만나지 않아도 되는 사람들

살면서 만나봐도 별반 도움 안 되는 사람들이 있다.

가끔 나름 사회적 지도자라 불리는 사람들과 모임을 가본다.
"나는 누구입니다"라고 이름 석 자 분명히 말하지 않고,
"나는 어디에 근무합니다"라고 소속을 더 크게 말하는 사람을 본다.

그때마다 정작 그 사람 이름은 메모를 못 하고
소속만 적어서 오곤 한다. 정작 알고 싶은 것은
당신이 누구인지가 궁금한데 말이다.

"누구 아십니까? 그분하고 어떻게 되는 사람입니다"라고
자신을 소개한다. 자신의 친척보다도
타인들 계보를 꿰는 사람들을 본다.

어느 학교 출신이고, 동기가 누구이고 누구와 인맥이고,
자신을 감싸고 있는 위치가 얼마나 자랑스러우면 저럴까
이해하고 싶다가도, 서로 아는 사이니까,
무슨 도움을 뒷거래할 수 있다는 말인 건지,
유유상종이니까, 자신도 그렇게 괜찮은 사람이라는 건지,
자신하고 알게 되면 그런 인맥이 생기는 거니까,
자신에게 잘하라는 말인지, 도대체 알 수 없을 때가 있다.

말만 하면 "해봐서 안다"라는 사람,
지식 자랑한다고 철학자나 학자 이름 자꾸 인용하는 사람,
입만 떼면 안 된다고 하는 사람,
논리라고 펴면 양비론으로 말하는 사람,
비판이 똑똑함인 양 대안 없는 말만 하는 사람,
보이지 않는 곳에서 남 말하는 사람,

애써 만나지 않아도 문제가 없다.
아니, 만나려고 시간 쓰고 돈 쓰지 말자.

좋은 사람에게만 잘하기에도
인생은 부족하다.

이런 사람들 안 만나면
삶이 즐겁다.

철학자들의 즐거움에 대한 생각들

공자의 삼락三樂은 이렇다

첫째 배우고 때때로 익히면
또한 기쁘지 아니하랴

둘째 벗이 있어
먼 곳으로부터 찾아오면
또한 즐겁지 아니하랴

셋째 사람이 알아주지 않아도
원망하지 아니하면
어찌 군자가 아니랴

공자는 스스로의 외적 행위는
기쁘다 했다
친구가 찾아오는 외적 행위는
즐거움이라 했다
타인의 외적 행위에 대한 내적 반응은
군자라는 완성으로 표현한다

장자는
즐거움의 끝에는 고통이 있다고 했고

서양의 어떤 철학자도
즐거움은 고통의 기억이라고 한다

또 어떤 이는
즐거움은 다른 사람의 고통에서 생기는 쾌락이라 했다

루소는
남자는 아는 것을 말하고
여자는 즐거운 것을 말한다고 했다
좋은 결혼은 있지만
즐거운 결혼은 없다고도 한다

마크 트웨인은
모든 인간적인 것은 수심에 차 있고
유머 자체의 핵심은
즐거움이 아니라 슬픔이라고
그래서 천당에는 유머가 없다고 한다

에머슨은
인생의 즐거움은 인생을 사는 인간에게 달려 있고
하는 일이나 장소에 좌우되는 것은 아니라고 한다
몸에 즐거움이 있기보다
그 마음에 근심 없는 편이 낫다고 말하기도 한다

결국 이렇게 다양한 생각을 보면

답은

없는 것이 틀림없다

독서처방전

몸이 아프면 의사는 약을 처방한다
마음이 아프면 음악을 처방하고
삶이 고프면 독서를 처방하는 사람을
나는 독서처방사*라 한다

존재감을 찾고 싶을 때
사고를 무한히 확장하고 싶을 때는
칼 세이건의 『코스모스』를 읽으라 하겠다

뭔가 혼란스럽고 복잡할 때는
제임스 글리크의 『카오스』를 읽으면 좋겠다

사는 게 힘에 부치고 힘들 때는 『장자』를
나름 잘나간다 싶어 우쭐대고 싶을 때는 『논어』를

자유롭게 살고 싶다면
한산자와 이백의 시를 읽어 보고

최종 승자가 되고 싶으면 『사마의』를
최고의 리더가 되고 싶다면 『정관정요』를

----

*독서처방사 : 자격등록번호 2018-005117 | 소관부처: 교육부

어떤 수단, 매체를 가지고 살까, 고민될 때는
제러드 다이아몬드의 『총, 균, 쇠』를

인간의 역사를 통해 미래를 알고자 한다면
유발 하라리의 『사피엔스』와 『호모 데우스』를

자유롭게 살고 싶을 때
카잔차키스의 『그리스인 조르바』를 읽고 춤을 추면 좋겠다

의미와 재미 사이에서 고민스러울 때는
톨스토이의 『안나 카레니나』와
밀란 쿤데라의 『참을 수 없는 존재의 가벼움』을

힘든 현실을 극복하며 내일을 살고 싶을 때는
마거릿 미첼의 『바람과 함께 사라지다』를

누군가 씌워 놓은 굴레에서 벗어나고 싶을 때는
나다니엘 호손의 『주홍글씨』를

무엇에 도전해야 할 때, 용기가 필요할 때는
세르반테스의 『돈키호테』를

시간을 낭비하고 있다고 느껴진다면
스티븐 코비의 『성공하는 사람들의 7가지 습관』을

진학했거나 꿈을 이루기 위해 계획을 세우기 전에는
토니 로빈스의 『네 안에 잠든 거인을 깨워라』를

타인의 감정을 알고 싶으면
스피노자의 『에티카』를

나만의 삶을 살아낼 저항의 힘이 필요하다면
알베르 카뮈의 『이방인』과
헤밍웨이의 『노인과 바다』 그리고
니체의 『짜라투스트라는 이렇게 말했다』를

빈둥대며 놀고 있는 사람에게 용기를 주고 싶다면
앙리 샤리에르의 『빠삐용』을

행복과 권태를 알고 싶을 때는
쇼펜하우어의 『인생론』을

자신만의 삶을 준비하는 청년에게는
클라인 바움의 『죽은 시인의 사회』를

열등감에서 벗어나고 싶을 때는
고가 후미타케의 『미움받을 용기』를

삶에 지쳐 더 이상 희망이 안 보일 때는
빅터 프랭클의 『죽음의 수용소에서』를

무언가 하나 족적을 남길 만한 성과를 내고 싶을 때는
제이 파파산의 『원씽』을

사람을 이해하고 관계를 좋게 하고 싶을 때는
존 그레이의 『화성에서 온 남자, 금성에서 온 여자』를

정치에 대해 한마디 하고 싶다면
존 롤스의 『정의론』과
밀의 『자유론』, 그리고
마이클 샌델의 『정의란 무엇인가』를

동심으로 돌아가 관점을 바꾸고 싶을 때는
생텍쥐페리의 『어린 왕자』를
읽어 보면 좋겠다

독서처방전 2

사유의 수준을 높이고 싶을 때
최진석의 『탁월한 사유의 시선』을

사유의 깊이를 키우고 싶을 때
최재천의 『통찰』과 『지식의 통섭』을

사유의 경계를 넘나들고 싶을 때
이어령의 『생명이 자본이다』와 『젊음의 탄생』을

언어를 다듬고 싶을 때
유영만의 『언어디자인』을

진학과 창업을 고민한다면
강신장의 『오리진이 되라』와
말콤 글래드웰의 『아웃라이어』를

시험공부를 하고 있다면
황농문의 『몰입』을

삶에 대한 태도와 멋진 문장을 만나고 싶거든
김훈의 『라면을 끓이며』와 『허송세월』을

사람에 대한 이해와 자신이 어떤 사람인지 알고 싶으면
강신주의 『감정수업』을

따끔하게 정신 차리라고 꾸짖는 말이 필요할 때
세이노의 『세이노의 가르침』을

습관성 자기계발에 빠져 있는 사람이라면
유영만의 『코나투스』를

성공자의 습관을 가지고 싶거나 알려주고 싶다면
도리스 메르틴의 『아비투스』를

단기간에 이과적 소양을 높이고 싶을 때는
유시민의 『문과 남자의 과학공부』를

지치고 힘들어 위로와 새로운 에너지를 받고 싶을 때
류시화의 시집을

라이벌에 대한 스트레스가 있다면
화장의 『역사를 바꾼 위대한 라이벌』을

언어 순발력을 키우고 싶다면
하상욱의 『어설픈 위로 받기 : 시로』를

인문학적 소양과 역발상 아이디어가 필요하면

박웅현의 모든 책과
박용후의 『관점을 디자인하라』를

꿈 없이 살아가는 누군가에게 책을 선물한다면
이지성의 『꿈꾸는 다락방』을

자녀 교육에 대한 철학이 필요하면
조정래의 『풀꽃도 꽃이다』를

돈을 벌고자 하면
김승호의 『돈의 속성』과
롭 무어의 『레버리지』를

독서의 필요성을 알려 주고 싶으면
이지성의 『리딩으로 리드하라』를

간명하게 메시지를 전달하고 싶은 리더라면
김성회의 『리더를 위한 한자 인문학』을

행복에 대한 명확한 기준이 필요하면
최인철의 『굿 라이프』를

세상을 얻은 지도자들의 지혜를 한 번에 알고 싶으면
김정미의 『그들은 어떻게 세상을 얻었는가』를

혼술하며 자신을 위로하고 싶을 때
정승환의 『나에게 고맙다』를

세상에 내 편이 없어 마음이 아파 고통받는 사람이라면
정혜신의 『당신이 옳다』를

여행 계획이 서면 떠나기 전에
김영하의 『여행의 이유』와
유현준의 『인문건축기행』을

퇴직을 하고 나이가 들어간다면
김정운의 『격하게 외로워야 한다』를

아직도 남을 의식하며 살고 있다면
양귀자의 『모순』을

연속되는 실패에 힘들어하고 있다면
서울대 공대 교수들의 『축적의 시간』을
읽어 보면 좋겠다*

---

* 위 책을 읽고 도서 요약을 권당 1페이지로 작성해서 사본을 보내주시면(cbc1234@hanmail.net) 독서처방사 2급(30권), 독서처방사 1급(100권) 자격증을 취득할 수 있습니다. 작성 양식은 kndi.or.kr에서 내려받아 작성하시면 됩니다.

잘 산다는 것

잘 산다는 것은
누군가를 위해 기도할 사람이 있는 것이다
잘 산다는 것은 나를 위해 기도해주는 이를 가진 것이다
눈뜨면 할 일이 있고
저녁에 잠을 청할 곳이 있으면 잘 사는 것이다

외로울 때 혼자 부를 노래를 가지는 것
맛있는 것 먹을 때 떠오르는 사람을 가진 것
어느 날 동전 하나 없을 때 전화할 친구가 있는 것
세 시간쯤 말 한마디 안 해도 어색하지 않은 사람을 가진 것
세 시간쯤 혼자 누군가를 욕해도 들어줄 사람을 가진 것
잘 사는 것이다

함석헌 선생님처럼
먼 길 떠날 때 처자식 맡길 사람은 없어도
무슨 일 생기면 빨리 좀 가봐 달라고 할 수 있는 사람
내가 설혹 좁은 마음에 잘못한 것이어도
내 편 들어주는 사람이 있다면 잘 사는 것이다

자랑할 일을 또 다른 누군가에게 전해 듣게 하는 사람
치부가 드러나는 일도 서슴없이 말할 수 있는 사람을
곁에 두고 있다면 잘 사는 것이다

조카 만나면 한 십만 원쯤 용돈 줄 형편 되고
가끔 혼자 영화 보러 가도 어색하지 않고
혼자 음식 시키고 술 한잔 마셔도 남 눈치 안 볼만 하고
누군가 실수를 해도 욕 나오지 않는 말버릇을 가졌다면
누군가 억지 소리를 해도 반박의 논리가
머릿속을 맴돌지 않는다면
잘 산 거다

청년을 위한 바람

단군 이래 당신들만큼 우수한 세대는 없었습니다.
기죽지 마세요.

우리 민족은 겸손이란 이름으로 허약함을 숨긴 죄로
숱한 고난을 겪었습니다.
건방진 듯, 때로는 독특한 모습으로의 당당함이 정상입니다.
생각이 없는 듯, 애써 관계하지 않으며 살아도 정상입니다.
숨죽인 듯 엎드려서 생긴 안도감보다
당당해서 생긴 평화가 무조건 큽니다.

단군이 하늘나라를 뛰쳐나올 때
쑥을 먹여 곰을 여자로 만들 때
광개토대왕이 중국 대륙을 뛰어다닐 때
세종이 무지한 백성들의 눈을 뜨게 해주겠다고 했을 때
조선을 건국한 이성계가 위화도에서 회군했을 때
어느 것 하나 건방지지 않은 적이 있었던가요.

난다 긴다 애써봐야 연봉 1억 받는 사람은
10퍼센트 남짓입니다.
그런 사람들 말, 들을 것 없습니다.
예수님도 부처님도 공자도 가출을 했고
미국 빅테크 창업자들은 하나같이 중퇴를 했습니다.

세상은 연봉 오천만 원 남짓 받는 사람이 잔소리를 가장 많이 하고
세금 적게 내는 순서대로 불만이 많습니다.

어른들 말, 들을 것 없습니다.
자신이 하는 일에 기죽지 말고,
주눅 들지 말아야 합니다.

단 하나 바람이 있습니다.
집에서 나오지 않은 채 말하지 않고 살더라도
스스로에게 묵언수행이라 말할 수 있었으면 합니다.
사람과 교제하지 않더라도
홀로서기라고 말할 수 있으면 좋겠습니다.

재벌 총수를 위한 기도

부모도 스승도 하물며 당신께서도 가르치지 못한 겸손입니다.
우리는 오직 그들에게만 고개를 숙입니다.
우리가 경쟁이란 이름으로
누군가의 등에 올라탄 사람들이었음을 기억하고
혼자만의 힘으로 그 자리에 선 것이 아님을 깨닫게 하는
리더십을 발휘할 수 있도록 기도합니다.

위험 속에 기회가 있음을 알고도 멈칫거리는 이들에게
걱정하지 말라며 안전모 하나쯤 사줄 수 있는
마음을 허락하시고
성과급을 받을 때마다 소리 지르며 자랑하지 말고
그 소리에 상처받고 소외될 사람을
생각하도록 교육해 주시기를.
언젠가 그들이 효용을 다하여 어쩔 수 없이 내보내야 할 때
낙오자로 낙인찍지 않는 그들이 되게 하소서.

회장님 회사의 마크를 보면 국가를 떠올리고
기꺼이 물건 사주며 자기 집 자랑하듯 당신들 회사를 자랑하는
순진한 국민들에게 측은한 마음을 가지게 하시고
가끔은 그들도 우리와 같은 똥싸는 사람임을 보여주시기를.
그것이 먼지투성이, 기름투성이로 살아가는 이들에게는
위로와 안도가 되기도 함을 알아주시기를 기도합니다.

혹여나 실수하여 그나마 간신히 버티던 사람들까지 힘들게 하는
경제 위기 같은 어려움이 생기지 않도록
총명함과 지혜를 더하여 주시고
혹여 잘 모르거든 주변 사람들의 의견을
수용하는 여유로움을 허락하소서.

그들이 누리는 호사스러움이
많은 사람들에게 부러움이 아니라 인정이 되게 하시고
부자나 돈이 부정한 것이라는 인식을 깨뜨려
존경이라는, 신께서나 받으실 대우를
그들에게도 내려주시기를 기도합니다.

소외된 이들을 위한 기도

수많은 종교인도 하지 못하는
감사하는 마음을 가지게 해주고 있다는,
그래서 스스로도 언젠가는 감사할 수 있다는
희망을 가지게 하소서.

나의 열등이 누군가에게 우등을 주었고
나의 빈곤이 누군가에게 풍족을 주었고
나의 열세가 누군가에겐 우세를 주었고
나의 못남이 누군가에겐 잘남이 되었음을.

주고만 산 이의 끝에는 받을 일만 남았음을 알게 하시고
좌절하거나 숨어버리지 않도록 당당함을 허락하소서.

"밤이 없으면 낮인 줄 어찌 알겠는가"라는 자신감을 주시고
다만 그들이 그 밤에 춥지 않게 하소서.

배고파 죽는 이보다
배가 너무 불러 죽는 이가 더 많음을 알게 하시고
배고픔이 부끄러운 것이 아니라
배가 불러도 나눌 줄 모르는 것이
더 부끄러움임을 알게 하시어
자신의 처지나 여건을 부끄러워 하지 않게 하소서.

도움을 받는 것은 이미 준 자들의 특권임을 깨닫게 하시어
언젠가 나누려는 마음이 희망의 씨앗이 되게 하소서.

다만 바라옵기는 그들의 지치고 힘든 상황이
너무 오래가지 않도록, 버틸 만큼만 하소서.

더 크게 쓰시려 주는 고통이라면
힌트라도 좀 주시고
더 어려운 이들을 돌보게 할 요량으로 주는 배고픔이라면
감당할 만큼만 하시고
더 서럽고 치욕스러운 이들에게 희망으로 쓰실 목적이라면
가족이 아닌 자신만 짊어지게 하소서.

견디지 못해 잠깐이라도 원망하는 마음 들어
당신에게 미움받을까 두려우니,
제발 그들을 살펴 주소서.

당신을 위한 기도

당신을 사랑한 것은
미모뿐 아니라 숨소리까지였습니다.

부디 나이 들어감을 슬퍼 말기를.
들꽃에 보내던 감탄과,
하늘을 올려다보며 보이던 웃음과,
추운 날 가로수를 안아주던 따뜻함이
얼마나 사랑스러운 것인지를.

당신의 지금 모습도 누군가에겐 꿈이고 희망이니,
아무렇게나 자신을 말하지 말기를 기도합니다.

우리의 지금 모습도
신은 나름 최대한 애쓴 결과물임을 잊지 않기를.

다른 사람에게만 애써주며 살았지만
언젠가 한 번은 나를 위해
애쓰며 살겠다는 결심도 하기를.

내가 이렇게라도 서 있는 것은
내가 벌어먹은 밥의 힘이 아니라
당신의 눈치 보지 않는 격려와 응원이었음을.

그러니 당신은 존중을 넘어
대우받을 자격이 있음을.

내가 살아가는 힘은
승진하고 월급봉투 두꺼워지는 것이 아니라
당신이 별것도 아닌 것에
세상 다 얻은 듯 보여줬던 웃음의 힘이었음을
기억하시기를.

나의 성장은
엎드린 당신을 밟고 올라선 만큼이고
당신이 허용해준 틈의 여유만큼인 것을.

"내가 뭘 아나."
당신의 그 말이
나를 성숙시킨 것을 잊지 말기를.

그러니 제발,
아무것도 아닌 듯 말하지 마시길 기도합니다.

닫는 글 - 貴

나는
이 세상에서
가장 귀한 존재이다.

함부로 하지 말자.
당연히 싸게 팔지 말자.

비싼 것이
반드시 귀한 것은 아니다.

내가 귀하게 여기지
않는 것은
자신의 가치를
모르기 때문이다.

가치는
세상이 평가하는 것이 아니라
내가 부여하는 것이다.

닫는 글 貴

반성하는 글이 아닌
힘이 나는 글이기를.

시가 정보를 담고 있다면
그 순간 시는 아니다.

시가 의도를 품고 있다면
소통의 수단으로 전락한다.

視를 적는가.
事를 쓰는가.
思를 적는가.
言을 쓰는가.

事가 부족해서 視를 적고
思가 없어서 言을 쓴다.

그랬더니 見이라 하고
그랬더니 詩 같다고 한다.

짧게 썼다고
詩는 아니지 않은가.

그저 본 것을 적고
그저 보이는 것을 쓰고
그저 보려 한 것을 적은 것이다.

그러니 詩는 아니다.

詩라 하기엔 배운 바 없고
時라 하기엔 생이 짧고
是라 하기엔 옳고 그름을 모르니

視한 것을 적었을 뿐이다.

부끄럽지만
누군가 힘이 나길 바란다.

부족하지만
혼자 가는 자기경영의 길에
용기가 되길 바란다.

가르치거나 잔소리할 의도가 없었음에도
불쾌감이 있었다면 용서를 구한다.

나를 잃지 않는 법
싸게 팔지 마! 힘들어도

초판발행 · 2025년 12월 15일

지은이 · 최병철

펴낸이 · 이경선
편집 · 한주은, 여수민, 이다현, 최수빈
디자인 총괄 · 임단비 단무지스튜디오
제작 · 북작소

발행처 · 도서출판 클북
등록 · 504-2019-0000002호 (2019. 2 8.)
편집실 · 인천광역시 연수구 센트럴로 313 C2130
팩스 · 054-613-5604
이메일 · ask.gracehan@gmail.com
인스타그램 · @slower_as_slow_as_possible

ISBN 979-11-92577-37-1 03800

*이 책의 판권은 지은이와 도서출판 클북에 있습니다.
 이 책 내용의 일부 또는 전부를 재사용하려면 반드시 양측의 서면 동의를 받아야 합니다.

*잘못 만든 책은 구입처에서 바꿔드립니다.